WICCA BOTANICA

Titel der Originalausgabe: *Backyard Witchcraft*

© 2022 Librero IBP
(für die deutsche Ausgabe)
Postbus 72, 5330 AB Kerkdriel, Niederlande

Vivida™ is a trademark property of
White Star s.r.l.
www.vividabooks.com

© 2022 White Star s.r.l.
Piazzale Luigi Cadorna, 6
20123 Mailand, Italien
www.whitestar.it

Design und Endredaktion: Balthazar Pagani
Redaktion: Nicolò Rossi
Layout: Betti Greco

Aus dem Englischen von Anne Döbel
(für iMport/eXport)
Lektorat: Anika Seemann
Satz: iMport/eXport

Gedruckt und gebunden in Serbien

ISBN 978-94-6359-853-8

Alle Rechte vorbehalten. Kein Teil dieses
Werkes darf in irgendeiner Form (durch
Fotografie, Mikrofilm oder ein anderes
Verfahren) ohne schriftliche Genehmigung
des Verlages reproduziert oder unter
Verwendung elektronischer Systeme
verarbeitet, vervielfältigt oder verbreitet
werden.

CECILIA LATTARI

WICCA BOTANICA

EIN UMFASSENDES HANDBUCH FÜR HEXEN IN KÜCHE UND GARTEN

ILLUSTRATIONEN VON BETTI GRECO

Librero

EINFÜHRUNG

S. 7
MAGIE BRAUCHT
TÄGLICHE ÜBUNG

KAPITEL 1

S. 21
DIE WERKZEUGE
EINER HEXE

KAPITEL 2

S. 33
IHR ZUHAUSE
IST IHR TEMPEL

KAPITEL 3

S. 43
IHR GEHEIMER
GARTEN

KAPITEL 4

S. 55
DIE VIER NATURELEMENTE
UND IHRE PFLANZEN

KAPITEL 5

S. 91
Giftige Pflanzen

KAPITEL 6

S. 103
Das Labor der
grünen Hexe

KAPITEL 7

S. 121
Von der Wurzel zur Blüte:
Gartenpflege

TERMINPLANER

S. 130
Die Arbeit der grünen Hexe
durch das magische Jahr

TEST

S. 136
Welcher Typ
Hexe sind Sie?

10 MAGISCHE GESCHICHTEN ÜBER KRÄUTER UND HEXEN

S. 139

EINFÜHRUNG

MAGIE BRAUCHT TÄGLICHE ÜBUNG

✦ ✦ ✦

Wenn wir aufmerksam sind, entdecken wir überall um uns herum Magie. In diesem Kapitel lernen wir den grünen Pfad kennen, einen Pfad, der eng mit der Erde, den Pflanzen und der Natur verbunden ist. Wir erfahren, wer die Hexen sind, die diesem Pfad folgen: von der wahren grünen Hexe bis zur Heckenhexe, die am Saum der Wälder lebt. Die grüne Magie macht mit ihren Elementen, Werkzeugen und Praktiken aus dem Alltag etwas Besonderes. Dieses Kapitel verleiht einen Überblick darüber. In der Einführung geht es auch um giftige Pflanzen und deren Beziehung zu Magie und zum Mond.

Keine Hexe ohne Garten

✦ ✦ ✦

Auch wenn sie nicht in den Wäldern lebt, sondern in einem Haus in der Stadt, hat sie immer einen Garten, in dem Veilchen im Vorgarten oder im Hinterhof blühen oder Löwenzahn aus dem Bürgersteig ihrer Straße sprießt. Hexen in der Vorstadt ziehen auf ihrem Balkon, auf dem sie den Mond beobachten, Ringelblumen und Lavendel in recycelten Vasen. Jede Hexe hat einen Garten. Ich lebe in der Nähe des Waldes und danke den Wölfen, Eichen und Kastanien täglich dafür, dass sie meinen Garten und meine Pflanzen beschützen. Ich erkenne grüne Hexen, auch wenn es ihnen selbst noch nicht klar geworden ist, dass sie welche sind. Sie haben Regale voller Samen für den Frühling gesammelt und sie schlafen nie ohne das abendliche Ritual eines Kräutertees, an dem sie unter dem Sternenzelt nippen.

Grüne Magie und die Beschäftigung mit ihr festigt und zeigt sich im Alltag durch das eigene Verhältnis zur Natur. Pflanzen sind Lebewesen, die in nächster Nachbarschaft zu uns Menschen leben. Dieses intime Miteinander ist der spirituelle Grundstein der grünen Magie. Wir bewerten unser Verhältnis zu Pflanzen meist als einseitig, tatsächlich ist es gegenseitig. Sich mit Pflanzen zu beschäftigen, ist

sehr wichtig. Mit unseren Sinnen und unserer Intuition können wir Pflanzen gründlich erfassen und kennenlernen. Zeit mit ihr zu verbringen, sich um sie zu kümmern, ihr beim Wachsen zuzusehen, das sind perfekte erste Schritte auf dem grünen Pfad. Um mit Pflanzen und der Natur in Kontakt zu treten, ist es nicht nötig, im Wald zu leben.

Die Hexe und ihr Garten sind eng miteinander verbunden und lernen voneinander. Ein Garten – ob ein echter botanischer Garten oder nur ein Fleckchen Land, ein Balkon, eine Terrasse oder ein Fensterbrett – lehrt uns Langsamkeit, das Bewusstsein für die Jahreszeiten, den Sinn für Kreisläufe, also das, was eine Hexe für ihr Leben und ihre Arbeit braucht. Der Jahreszeitenwechsel wirkt sich auf unsere innere Uhr aus und erinnert uns daran, dass alles endet, bevor es in neuer Gestalt wiederkehrt. Im Garten lernt die Hexe, wie wichtig es ist, die Elemente und den Mond einzubeziehen: durch das Säen bei Neu- oder Vollmond, je nach Pflanze, oder das Bestücken von Vasen den Himmelsrichtungen entsprechend. Und so wecken wir versteckte Erinnerungen, denn wir kehren dorthin zurück, woher wir kommen.

Im Garten wird einer Hexe bewusst, dass sie alles, was sie lernt, bereits weiß. Auch Sie besitzen dieses Wissen, weil Ihre Großmütter und deren Großmütter bereits Kräuter anbauten und die Natur auch ohne Studium verstanden und einfach mit ihr lebten. Durch Gartenarbeit wachsen Hexen und Gärten und verändern sich. Im Garten erkennen wir, dass Menschen mit der Erde ein einziges System bilden, einen Körper voller Leben, der mit den Pflanzen, Tieren und dem ganzen Kosmos verbunden ist. Alles, was Sie tun müssen, ist sich erinnern.

WEM WIR AUF DEM GRÜNEN PFAD BEGEGNEN

✦ ✦ ✦

Der Pfad der grünen Magie ist einsam. Die grüne Hexe betreibt sie auf eine Art, die mit der Natur harmoniert, in der sie lebt, und für die sie tiefe Empathie hegt. Der erste Schritt auf dem grünen Pfad ist es, sich zu sensibilisieren und der Natur zu öffnen. Dazu gehört, die Fährte des Rotwilds in den Wäldern zu erkennen, die Brennnessel zu respektieren, das Entrollen von Farnblättern zu beobachten, sich an dem Sonnenlicht zu erfreuen, das durch die Eichenblätter gefiltert wird und die Ruhe des Winters zu genießen, wenn die Welt unter einer Schneedecke liegt.

Wenn wir von grüner Magie sprechen, verwenden wir immer das Wort Pfad. Eine grüne Hexe zieht keine Aufmerksamkeit auf sich (etwa durch Rituale), sondern zieht ihre spirituelle und heilige Energie aus ihrem alltäglichen Leben. Eine grüne Hexe folgt dem Pfad der Magie und passt ihn ihren speziellen Bedürfnissen an. Daher hat jede grüne Hexe ihre eigene Vision und Art, den Kontakt mit der Magie aufzunehmen, die in allem wohnt: in Kräutern, Bäumen, Tieren, Wäldern, Wellen, Muscheln, dem Mond.

Auf diesem Pfad werden wir drei Typen von Hexen begegnen, die täglich für sich traditionelle Magie praktizieren: die grüne Hexe, die auch Naturhexe genannt wird, die Küchenhexe und die Heckenhexe. Lernen wir sie kennen!

Die Grüne Hexe

✦ ✦ ✦

Grüne Hexen leben nicht notwendigerweise am Waldrand, umgeben von medizinischen Kräutern, Farnen und Eulen. Es gibt sie auch in den Städten, wo sie ihre Pflanzen auf dem Fenstersims ziehen. Sie fühlen die Natur auf besondere Art und haben ein ganz eigenes Verhältnis zu ihr. Der Kontakt zur Natur ergibt sich aus ihrer Umgebung.

Grüne Hexen leben und praktizieren ihre Spiritualität über die Naturwelt. Die Wälder sind für sie heilige Orte, Pflanzen hören ihnen zu und Tiere sind ihre Reisebegleiter. Grüne Hexen sind sehr eng mit dem Element Erde verbunden. Ihre Magie steckt in der Manifestation von Naturgewalten und in Heilmethoden, die die Naturelemente einbeziehen. Magie und Leben greifen ineinander, weil das Leben selbst eine magische Erfahrung ist.

Die grüne Hexe begrüßt Sie mit einem belebenden und duftenden Aufguss von Nesseln und Rosenblüten, noch dampfend und frisch vom Herd. Ihre Pflanzen – Minze, Basilikum und Salbei zur Reinigung – zieht sie in kleinen Gewächshäusern. Sie heißt Sie sehr fürsorglich willkommen. Sie ist die Manifestation von Mutter Erde, die nährt, pflegt und beobachtet. Sie arbeitet mit Kräutern, Pflanzen und Pflanzenheilmitteln, in ihren Regalen finden sich bergeweise Bücher über Pflanzen.

Die Küchenhexe

✦ ✦ ✦

Wenn ich früher meiner Mutter beim Zwiebelschneiden zusah, fand ich, sie sähen aus wie Halbmonde. Kochte meine Großmutter Tomatensauce, bat sie mich, ihr Basilikumblätter zu bringen. Wenn ich in meine Küche gehe und an meine Mutter denke und an den Duft der Kräuter an ihren Händen, dann glaube ich, dass dies ein wahrhaft magischer Ort ist, voller Traditionen und Kreativität. Hier findet die Magie der Küchenhexe statt. Sie arbeitet mit gewöhnlichen Geräten und versteht die heiligen Aspekte des Alltäglichen, wenn sie Mahlzeiten zubereitet und sie zu sich nimmt.

Ihre Zaubersprüche sind Ihre Küchenarbeiten, wenn sie viel Absicht in das Brot knetet, ihre Wünsche dem Teig beim Aufgehen begleiten, sie die Zutaten für einen Kuchen im Uhrzeigersinn rührt, um dem Leben derjenigen, die ihn essen, Freude und Liebe hinzuzufügen, Gemüse auswählt für eine tröstende Suppe, und sie zu der Erkenntnis kommt, dass der magische Kessel und der brodelnde Topf auf dem Herd gar nicht so verschieden sind. Sie arbeitet intuitiv, fügt hier eine Prise Salz hinzu, reduziert dort etwas die Hitze, schmeckt ab und lauscht und improvisiert je nach der Energie der Mahlzeit. Sie ist eine Hexe des Elements Erde. Nahrung ist ein Geschenk von Mutter Erde und heilig. Unser Körper ist ein Tempel, auf den wir achten durch die Wahl unserer Speisen. Und sie weiß, wie gut gekocht wird.

Sie ist sich bewusst, dass das Kochen unsere göttliche Natur offenlegt. Sie folgt dem Geruch von Beeren und Zitrusfrüchten, frisch gebackenem Brot, gutem Essen. Sie werden sie in der Küche antreffen, in der Hand einen Becher dampfenden Kakao, der Blick ihrer dunklen Augen ruht auf Ihnen.

Die Heckenhexe

✦ ✦ ✦

Immer schon hat es diese alte Frau gegeben, die am Rand lebt. Ob es sich tatsächlich um einen Wald handelt oder das Ende der Dorfstraße oder das Haus hinter der letzten Hecke, wir haben ein Bild von ihr in unserem Kopf. Die Heckenhexe lebt am Rand. Sie sammelt Kräuter, sie heilt. Sie ist eine Schamanin. Sie weiß. Die, die am Rand leben, wissen, wie die Grenzen der Welten überschritten werden, reisen durch unsere und die Traumwelt, überbringen symbolische Botschaften und Heilmethoden. Die Heckenhexe ist eine Medizinfrau, eine Kräuterkundige, eine Heilerin. Die am Rand leben, wissen, wie die Hecke geschnitten werden muss, die das Bekannte vom Unbekannten trennt, das Dorf von den Wäldern, das Kultivierte vom Wilden.

Die Heckenhexe weiß, dass Grenzen schützen. Häufig suchen Füchse, Mäuse und anderes kleines Getier in Hecken Zuflucht. Viele Hecken haben etwas Magisches, Pflanzen wie Weißdorn oder Lorbeer wachsen in ihnen. Einsamkeit ist für Heckenhexen sehr wichtig, dennoch wissen sie, dass sie niemals ganz allein sind, denn sie fühlen eine tiefe Verbindung zur Natur, die sie umgibt und durch die sie Erneuerung erfahren. Sie folgen keinen bestimmten Ritualen oder Traditionen, sondern richten sich nach dem Umfeld, in dem sie leben.

Die Heckenhexe kennt die Macht der Fabeln und behütet Volkswissen. Abends am Feuer erzählt sie auch Ihre Geschichte. Hören Sie ihr gut zu, wenn Sie sie treffen.

Ein kleiner Abstecher zu den giftigen Pflanzen

✦ ✦ ✦

Das Wort Gift besitzt wie das Wort Hexe mehrere Bedeutungen. Das lateinische Wort für Hexe ist *strix*, übersetzt: Eule, Symbol für Weisheit und Weitblick, aber mit einem Hang zum Dunklen und zum Schrecken. Ähnlich hat Gift verschiedene und gegensätzliche Bedeutungen. Das lateinische Wort *venenum* bedeutet sowohl Gift als auch Arzneitrank, wie das griechische Wort *pharmakon*, dessen Übersetzung Medizin, Zauber und Gift ist.

Paracelsus sagte einst: „Alle Dinge sind Gift, und nichts ist ohne Gift; allein die Dosis machts, dass ein Ding kein Gift sei." Wer den grünen Pfad geht, trifft dabei auch auf giftige Pflanzen. Bei näherer Betrachtung besitzen sie einfach konzentriertere Dosen an Toxinen und anderen aktiven Substanzen als Heilpflanzen. Giftpflanzen sind häufig Nachtschattengewächse mit besonderen Formen, Farben und Strukturen. Mit einigen befassen wir uns näher, damit wir mit ihrer starken Energie und Botschaft in Kontakt treten können. Allerdings dürfen Giftpflanzen nie konsumiert werden, die Einnahme kann zum Tod führen, selbst bei geringen Mengen.

Was Giftpflanzen so interessant macht, ist, dass sie ohne Umwege das Dunkle, Verborgene, die Traumseite jedes Menschen ansprechen. Sich nur mit den medizinischen Tageslichtpflanzen zu beschäftigen und die Giftpflanzen zu ignorieren, würde das Gleichgewicht erschüttern. Öffnen wir uns den Giftpflanzen, nähern wir uns auch unserer versteckteren Seite an, der Seite, die wir häufig ignorieren oder versuchen, zu ersticken. Mit diesen Pflanzen können wir an etwas sehr Wichtigem arbeiten: der Selbsterkenntnis. Dann können wir unsere dunkle Seite integrieren, ihr eine Stimme geben. Die Botschaft der Giftpflanzen richtet sich in erster Linie an unsere freie und wilde Natur.

KAPITEL 1

DIE WERKZEUGE EINER HEXE

Viele Werkzeuge von grünen Hexen sind Alltagsgegenstände, aber durch sie können sie auf magische Weise in Kontakt mit der Erde treten, die uns ernährt und für uns sorgt.

⚡ ⚡ ⚡

Ein Blick in den Schrank einer grünen Hexe zeigt uns Mörser, Besenstiele und getrocknete Kräuter. In der Speisekammer der Küchenhexe riechen wir Gewürze und sehen ihren Zauberstab dort liegen. Gehen wir auf Zehenspitzen durch den wilden Garten der Heckenhexe, entdecken wir rankende Kapuzinerkresse und Beutel voller magischer Samen.

Jede Hexe hat ihre Werkzeuge

⚡ ⚡ ⚡

Stellen wir uns eine Hexe vor, sehen wir sie in einer Höhle, umgeben von Fläschchen mit Tränken, Destillierkolben, Pflanzen, die kopfüber trocknen und blubbernden Kesseln. Da sitzt sie, in ihr Werk versunken, ihren treuen Zauberstab in der Hand.

Ein Zauberstab hilft tatsächlich, den Fokus auf einer magischen Handlung zu halten, so wie ein Kessel unersetzlich ist, um parfümierte Öle und Bienenwachs zu verflüssigen oder um heilende Salben herzustellen. Aber die Hexe weiß, dass ihr Hauptwerkzeug sie selbst ist: ihr Körper, ihre Absicht, ihre Intuition und ihr Wille. Ein Körper reagiert auf die Elemente und er repräsentiert sie. Knochen gehören zur Erde. Sie geben Struktur und erzählen die Geschichte unserer Vorfahren und über das, was von uns bleibt. Das Feuer haben wir im Blut, es steht für Leben, Leidenschaft, Aktivität. Das Eisen darin färbt es rot, die Farbe des Planeten und Gottes Mars. Die leichte Luft ziehen wir mit unserem Atem ein, der Leben spendet und spirituell ist (die Wurzel dieses Worts ist *spiritus*, Lateinisch für Luft, Atem und Lebenskraft). Wasser, das Element, aus dem wir

größtenteils bestehen, zeigt sich bei Freude und Schmerz in unseren Tränen. Das fünfte Element, der Äther, gehört zu unserer Intuition, es verbindet die anderen Elemente miteinander und harmonisiert sie – und ermöglicht auf diese Weise die Magie einer Hexe.

So sind die Werkzeuge einer Hexe sehr persönlich. Vorgeschrieben sind keine, speziell auf dem grünen Pfad nicht, der, wie wir gesehen haben, sehr intuitiv ist. Die Wicca-Tradition kennt Basiswerkzeuge auf Grundlage der vier Elemente: den Zauberstab (Feuer), um die Energie zu leiten und zu fokussieren, den Kelch (Wasser) für das Mondwasser, in dem magische Tees ziehen und der beim Hellsehen zum Einsatz kommt. Außerdem das Athame (Luft), ein Hexenmesser – mit ihm werden magische Kreise geöffnet und geschlossen, um zu bannen und zu strafen. Und schließlich das Pentakel, häufig auf Teller gemalt oder geritzt, auf denen der Erde Nahrung angeboten wird, oder aus Steinen, Kräutern oder Talismanen gelegt, um es mit Energie zu füllen. Einige finden, dass Athame mit Feuer und der Stab mit Luft assoziiert werden sollten, aber ich halte das Gegenteil für wahr.

Mit diesem Wissen ausgestattet, können wir untersuchen, wie Werkzeuge ausgetauscht, kombiniert und interpretiert werden können. Magische Handlungen sind individuell. Indem wir unsere Hilfsmittel sorgfältig wählen und sie daran anpassen, was wir erreichen wollen, kommen wir unserer Macht näher und damit dem Weg, unsere Träume manifestieren zu lassen. Mit diesen Werkzeugen können wir unsere Visionen sichtbar machen.

Im Schrank der grünen Hexe

Jede grüne Hexe hat ihren speziellen Schrank. Darin finden sich Gläser mit Kräutern, mehrere Mörser, Sirupe und Blütenblätter. Aber auch ihre Lieblingswerkzeuge, mit denen sie Kontakt mit der Natur aufnimmt oder Kräuter sammelt und transformiert. Die wichtigsten Werkzeuge aber sind ihre Hände, mit denen sie die Pflanzen anfasst und sie erntet. Ihre Sinne lassen sie verstehen, besonders ihr Tastsinn ist enorm nützlich, um die Botschaften von Pflanzen und ihre Energie zu erfassen.

1. Räucherbündel

Aus Salbei, Zedern, Rosmarin und anderen reinigenden Kräutern hergestellt, um die Luft von negativer Energie zu säubern.

2. Mörser

Für die Herstellung von Pulvern, Räucherwerk und Blumenmischungen

3. Schere

Gehen Sie nie ohne Schere aus dem Haus. Vielleicht finden Sie unterwegs Kräuter, die sie sammeln möchten.

4. Kräutergläser

Zur Aufbewahrung von Blättern, Blumen, Wurzeln und Samen

6. KRÄUTERKISSEN

FÜR PROPHETISCHE TRÄUME

5. WAAGE

ZUM ABWIEGEN VON ZUTATEN
FÜR SALBEN UND TRÄNKE

7. DESTILLIERKOLBEN

FÜR ALCHEMISTISCHE
GEBRÄUE UND PARFÜMS

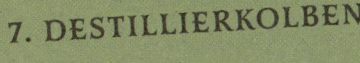

8. KRÄUTERBÜNDEL

KRÄUTER, DIE IM
MONDLICHT ODER IN DER
MORGENDÄMMERUNG
GESAMMELT WURDEN
UND ZUM TROCKNEN
ABGEHÄNGT WURDEN.

10. ABGEFÜLLTER TAU

ZUR VERSTÄRKUNG VON
ELIXIEREN UND
ZAUBERTRÄNKEN

9. KRÄUTERTINTEN

FÜR MAGISCHE SCHILDER

Die Vorratskammer der Küchenhexe

Für diese Hexe ist die Küche ein heiliger Ort, an dem alle Elemente zusammenkommen und wo Alchemie entsteht. Die Küchenhexe ist das intime Feuer, um das wir uns abends versammeln, um zu erzählen, wie unser Tag war und was wir uns für morgen wünschen. Ihre Küche ist ein Raum der Sinne, er hört zu, ernährt und hält ein Heilmittel für jeden Schmerz bereit. Ihr Altar ist irgendwo zwischen dem brodelnden Kessel auf dem Herd und dem Bündel Rosmarin, das sie mit einem blauen Band aufgehängt hat.

1. KESSEL

DER RUNDE TOPF BRODELT AUF DEM HOLZFEUEROFEN.

2. HOLZLÖFFEL

HÄUFIG MIT RUNEN VERZIERT, STEHT ER FÜR DIE ABSICHT UNSERER WÜNSCHE.

4. GLÄSER MIT SAMEN

FÜR SALATE, DIE ÜPPIGKEIT ANZIEHEN SOLLEN.

3. HACKBRETT

DARAUF WIRD DER TEIG DES MAGISCHEN BROTS GEKNETET, DORT GEHT ER AUF.

6. MAGISCHES EINGEMACHTES
ANGEREICHERT MIT BLUMENKNOSPEN,
BLÜTENBLÄTTERN UND HONIG

5. FARBENFROHE GEWÜRZE
SORGFÄLTIG AUSGEWÄHLT

7. ROTE TEEKANNE
UND UNENDLICH VIELE
GUTTUENDE TEES, BRÜHFERTIG

8. KRÄUTER
AUS EINEM SUPERMARKT GERETTET UND ZUM
WACHSEN AUF EIN FENSTERBRETT GESTELLT.

9. MONDFÖRMIGE KEKSE
FÜR JEDE MONDPHASE

10. MAGISCHES KOCHBUCH
MIT REZEPTEN, EXPERIMENTEN
UND MAGISCHEN METHODEN

Der Schuppen der Heckenhexe

Neben dem Haus der Hexenhexe am Waldrand steht ihr Schuppen. Dort bewahrt sie auf, was sie für ihre Ausflüge braucht, ob in die Wälder oder in andere Dimensionen. Füchse haben ihren Bau dicht dabei, Katzen halten an der Türschwelle Wache. Drinnen finden sich Samen für den Garten, viele Vasen, einige Gießkannen aus Zink, eine Glasscherbe, die an der Decke befestigt ist und aus dem Sonnenlicht Regenbogen zaubert, und vieles mehr.

1. Hirsebesen

Um negative Einflüsse aus dem Haus zu fegen

2. Alte Stiefel

Um durch den Garten oder durch Regen zu laufen.

3. Messer mit weißem Griff

Zum Sammeln von Heilkräutern.

4. Alraunensprösslinge

Werden in den magischen Garten eingepflanzt.

5. SPORÄPFEL

IM BÜNDEL, UM UNGEWOLLTE
GEISTER ZU VERTREIBEN.

6. ZWEI EMAILLEBECHER

UM MIT FREUNDEN
INFUSIONEN ZU GENIEẞEN.

7. GEMÜTLICHES KISSEN

FÜR TIERISCHE BESUCHER
WÄHREND DES WINTERS

8. SCHLAFSACK

UM UNTER DEN
STERNEN ZU SCHLAFEN.

9. LATERNE

FÜR NÄCHTLICHE
SPAZIERGÄNGE IM WALD

10. SELTENE UND KOSTBARE SAMEN

ZUM ZIEHEN
MAGISCHER ZUTATEN

KAPITEL 2

IHR ZUHAUSE IST IHR TEMPEL

Das Zuhause sagt einiges aus über seine Bewohner. Ich mache mir gerne Gedanken über die Menschen, die hinter der Tür leben, durch die ich gleich gehe.

◆ ◆ ◆

Unsere Wohnung ist eine Erweiterung unserer Selbst, durchdrungen von unserer Energie, ein sicherer und gemütlicher Ort, an dem wir unsere Akkus aufladen können und uns mit denen, die wir lieben, wohlfühlen. Eine grüne Hexe ist eng mit ihrem Lebensumfeld verbunden, ob es sich dabei um einen Maronenhain, die Berge oder einen Park in der Stadt handelt. Jedes Zuhause kann durch Pflege und Aufmerksamkeit heilig werden. Sich um den Ort zu kümmern, an dem wir leben, heißt, uns selbst zu lieben.

HAUSREINIGUNG MIT KRÄUTERN

✦ ✦ ✦

Wir können unser Zuhause zu einem magischen Werkzeug machen, das Wohlbehagen in uns auslöst, unsere Energie auflädt und an dem wir geerdet sind. Das erreichen wir durch reinigen (mit anderen magischen Werkzeugen). Aber wie?

Reinigen ist das Putzen der grünen Hexen: Bestimmte Methoden klären verbrauchte Energie, die unser Lebensumfeld belasten können.

Die einfachste Art der Reinigung ist das normale Saubermachen. Ein helles und schönes Zuhause ohne Staubwolken hinter der Tür oder unter dem Bett fördern einen hellen und lebhaften Energiefluss. Die folgenden magischen Kräuter reichern das Saubermachen an:

- **BEIFUß:** Eine Mondpflanze, die schützt, die verbreitetste Art (*Artemisia vulgaris*) wird für Reiseamulette verwendet. Verwenden Sie Beifuß zum Putzen als Aufguss mit Wasser.

- **SALBEI:** Die Pflanze, die am häufigsten für den Wohnungsputz eingesetzt wird, ist der heilige Weiße Salbei (*Salvia apiana*), der ursprünglich aus Südamerika stammt und dort von den Ureinwohnern für Reinigungszeremonien verwendet wurde. Auch der Echte Salbei (*Salvia officinalis*), der in Räucherbündeln Verwendung findet, kann benutzt werden, siehe dazu Seite 38.

- **PALO SANTO:** Das besondere Holz des Tropenbaums namens *Bursera graveolens*. Es nimmt den duftenden Baumsaft erst nach dem Absterben auf und wenn es einige Jahre vergraben war. Wenn die Flamme nach dem Entzünden ausgepustet wird, brennt das Holz langsam weiter, verbreitet den Balsamduft überall und reinigt die Energie des Umfelds.

Magische Reinigung

✦ ✦ ✦

RÄUCHERBÜNDEL

Die beste Art, Reinigungskräuter zu benutzen, sind Räucherbündel. Sie bestehen aus getrockneten Kräutern und werden wie Räucherstäbchen angezündet. Dafür nehmen Sie frische Kräuter mit reinigenden und schützenden Eigenschaften wie Beifuß, Salbei, Rosmarin, Zeder, Johanniskraut oder Lavendel. Binden Sie sie mit Naturfaden (eine Ranke oder aus Baumwolle) zusammen und biegen die Enden der Pflanzen hoch, so erhalten Sie einen kleinen Stab. Legen Sie das Bündel an einen kühlen, trockenen Ort. Nach dem Trocknen entzünden Sie es, löschen die Flamme und verwedeln den Rauch in jedem Raum. Halten Sie dabei die Fenster offen, damit verbrauchte Energie aus Ihrem Zuhause verschwinden kann.

HEXENBESEN

Nehmen Sie einen Besen aus Naturmaterialien (vermeiden Sie Plastik und Nylon). Öffnen Sie alle Fenster und schwingen Sie den Besen, als ob Sie alle verbrauchte und stehende Energie rausfegen wollten, ohne den Boden zu berühren. Dabei führen Sie den Besen gegen den Uhrzeigersinn, das steht traditionell für das Verscheuchen von negativer Energie. Wenn Sie fertig sind, sagen Sie laut: „Dieses Zimmer ist sauber, das Licht scheint in alle Ecken."

GROBES SALZ

Salz saugt auf und reinigt. Geben Sie grobes Salz auf kleine Teller und stellen einen in jeden Raum, am besten in eine Ecke. Zusätzlich können Sie einige Körner auf Fenstersimse und an Türrahmen verteilen. Dabei bitten Sie die Erde, Ihr Zuhause zu reinigen. Wechseln Sie das Salz regelmäßig, bis Ihr Zuhause hell und leuchtend ist.

Verzauberte Glöckchen, Kerzen und Räucherstäbchen

◆ ◆ ◆

Töne füllen Ihr Zuhause mit neuen Schwingungen. Auch die Musik, die Sie lieben, kann Ihr Heim mit dem Element Luft neu ausrichten. Sie ist pure Schwingung: Überlegen Sie mal, welche Wirkung Musik auf Ihre Gefühle und Erinnerungen hat.

Hängen Sie ein paar Glöckchen vor ein Fenster, der Wind wird zauberhafte Klänge in Ihr Zuhause wehen. Sie können starke Magie hinzutun, indem Sie kleine Glasprismen neben die Glöckchen hängen. Wenn die Sonne darauf trifft, schweben tausende tanzender Regenbogen durch Ihr Zuhause.

Auch Räucherwerk ist dem Element Luft zugeordnet. Sie können reinigendes Räucherwerk selbst herstellen, wenn Sie Folgendes mischen:

- 1 Teil **granulierter Weihrauch**
- 1 Teil **Kopalharz**
- 1 Teil **getrocknete Zitronenzesten**
- 1 Teil **getrocknete Lavendelblüten**
- 1 Teil **getrocknete Salbeiblüten und -blätter**

Geben Sie eine Prise der Mischung auf ein glühendes Stück Kohle in einem feuerfesten Gefäß für Räucherwerk und lassen den duftenden Rauch durch Ihr Zuhause ziehen. Hinterher das Lüften nicht vergessen!

Grobes Salz ist mit dem Element Erde verbunden, Glocken und Räucherwerk mit Luft, dazu kommt das Feuer in Form von brennenden Kerzen. Die Flammen verbessern die Atmosphäre, verbreiten zauberhaftes Licht und fördern Entspannung und Wohlgefühl.

Um die Kerzen bestmöglich zu nutzen, fügen Sie Öle mit dem Duft von Pflanzen und Schutzkräutern hinzu. Sie können folgende Öle mischen:

- 100 ml **Mandelöl**
- 10 Tropfen **Thymianöl**
- 15 Tropfen **Lavendelöl**
- 10 Tropfen **Zitronenöl**
- 5 Tropfen **Zedernöl**

Und Ihr Zuhause wird von Magie erfüllt sein!

Kapitel 3

IHR GEHEIMER GARTEN

Er muss gar nicht groß sein oder Ihnen gehören. Ihr geheimer Garten ist der Ort, an dem Sie sich der Natur ganz nahe fühlen.

Ob eine Gartengemeinschaft oder ein Gehölz vor der Stadt, ein Park, durch den Sie spazieren oder Ihr Balkon, auf dem Sie Tomaten, Erdbeeren und Minze ziehen: Er ist geheim wegen Ihres ganz persönlichen Verhältnisses zur Natur dort, zu Ihrer individuellen Reise. Es geht ums Zuhören, das Betreten einer anderen Welt, die nahe ist, doch hinter Rosen und Efeu versteckt liegt. Riechen Sie die Luft, fühlen Sie die Erde unter Ihren Füßen. Ihr Garten! Der Ort, an dem Ihre Sinne erwachen und Sie zur wilderen Version Ihrer Selbst werden.

Einen Heiligen Ort Gestalten

❧ ❦ ❧

Die Heiligkeit und Einfachheit der grünen Magie können wir darin wiederfinden, wie wir einen heiligen Ort schaffen. Dieselbe Sorgfalt, mit der wir uns um unser Zuhause gekümmert haben, sorgt auch draußen für Ordnung, gute Schwingungen und Magie.

Gehen Sie in Ihren geheimen Garten und suchen sich ein gemütliches Fleckchen. Spüren Sie die Elemente: Luft, Wasser, Erde, Feuer. Bauen Sie eine Verbindung zu ihnen auf. Fühlen Sie den Wind, halten Sie die Hände in das Wasser des Brunnens, ziehen Sie eine Linie in die Erde, streicheln Sie die Blätter, lassen sich von der Sonne wärmen ... So werden Sie selbst Teil des heiligen Orts. Sie brauchen nur zuzuhören. An diesem Punkt schauen Sie, welche Pflanzen dort wachsen, vielleicht ein Baum, vielleicht eine eingetopfte Basilikumpflanze. Wenn Sie nicht alle kennen, fotografieren Sie sie und suchen im Internet nach ihnen oder fragen eine pflanzenkundige Person. Finden Sie Namen und Charakteristika heraus, als ob Sie neue Freundschaften schließen wollten. Dasselbe können Sie auch mit den Wildtieren machen, die ihre Spuren hinterlassen, und mit den Steinen dort.

Vielleicht möchten Sie die Grenzen Ihrer heiligen Stätte abstecken. Dazu ziehen Sie einen Kreis auf dem Boden und ziehen die Linie als Pflanzenmandala aus besonderem Gras, Steinen, Stöcken, Blüten oder Blättern nach, das vom Wind verweht wird. Oder Sie stellen sich eine Lichtkugel über diesem Platz und darunter vor.

Sind Sie mit denen, die dort leben, vertraut und haben die Grenzen sichtbar gemacht, weihen Sie ihn ein. Dafür reicht ein einfacher Satz, ein Lied, etwas Geflüstertes.

Es ist vollbracht. Durch Ihre Magie ist dies nun Ihr heiliger Ort.

Ein Altar unter dem Mond

Kennen Sie alle und alles, das in Ihrer heiligen Stätte lebt, suchen Sie Sachen zusammen, die die Elemente repräsentieren, und errichten mit ihnen Ihren Altar.

Federn, Glocken, geflügelte Samen und helle Fäden gehören zum Element Luft. Für das Element Wasser können Sie Kiesel, kleine Perlen, polierte Glasscherben, Tautropfen und Flusswasser nehmen. Eicheln, Moos, Kastanien, Herbstblätter, Rinden und diverse Samen repräsentieren das Element Erde. Rote Bänder, gelbe Blätter und Blumen, goldene Blätter, rote Steine, farbige Samen oder eine kleine Kerze, die beaufsichtigt werden muss, wenn sie brennt (nie allein lassen), stehen für das Feuer. Dies sind nur Vorschläge. Verlassen Sie sich auf Ihre Intuition.

Tragen Sie alles in einer kleinen Tasche oder einer kleinen Schachtel zu Ihrem heiligen Ort. Lokalisieren Sie die Punkte der vier Himmelrichtungen und legen Sie die Gegenstände auf diese Weise hin:

Osten: **Luft**   Westen: **Wasser**   Norden: **Erde**   Süden: **Feuer**

Nun ist Ihr Altar fertig. Bei ihm können Sie meditieren, Ihre Steine oder Talismane aufladen oder ein festliches Ereignis begehen. Er ist der magische Ausdruck seiner Schöpferin und soll uns vor allem mit dem alltäglich Göttlichen in uns selbst verbinden. Der Altar macht die Schönheit der Verbindung zwischen Groß und Klein sichtbarer, also dem, was uns umgibt und dem, was in uns ist.

Methoden zur Erdung

Zur Erdung und zum Finden der Mitte gibt es grundsätzliche Methoden. Ich empfehle die, die ich durch Beobachtung und meiner Beziehung zu Pflanzen - besonders zu Wurzeln - entwickelte.

Werfen wir einen Blick auf symbolische Wurzeln.

- Die **Hauptwurzel**, die besonders gut entwickelt ist, lässt mich an die Fähigkeit der Pflanzen denken, ihre Persönlichkeit im Boden zu verankern. Die Hauptwurzel steht auch für den Willen. Sie ist die erste Wurzel, die aus dem Samen sprießt, die sagt „Hey, hier bin ich, ich möchte leben!"

Manche Pflanzen mit einer großen Hauptwurzel lassen sich leicht entwurzeln. Dies könnte ein Symptom für schlechte Bindungen sein.

Für Sie kann die Hauptwurzel tieferes Verständnis für alles symbolisieren. Was treibt Sie zu diesem tieferen Verständnis? Was möchten Sie näher untersuchen?

- **Nebenwurzeln** erkunden das Territorium, suchen Wasser und Nährstoffe, suchen andere Wurzeln. Sie kümmern sich um das soziale Leben der Pflanzen. Ihre Entwicklung zu beobachten ist spannend – suchen sie weitere Pflanzen oder nicht? Sie verraten viel über den Charakter einer Pflanze.

Wie kümmern Sie sich um Ihre Nebenwurzeln? Wie sehen Ihre Beziehungen aus? Manchmal geraten wir ins Schlingern, wichtige Beziehungen enden und wir fürchten, dass uns die Nährstoffe für unser Glück verwehrt werden. Häufig braucht es nur einen Richtungswechsel und wir entdecken andere, zu denen wir unsere Nebenwurzeln ausstrecken, Bindungen aufbauen und Liebe entwickeln können.

- Und dann gibt es noch **Wurzelstöcke**, eine andere Art Wurzeln (denken Sie an Kartoffeln). Sie verteilen die Energie und Nährstoffe in der Pflanze. Sie sind eine sichere Zone, eine Heimat, der Ort, an dem Sie immer finden werden, was Sie möchten, wo Sie gehegt werden.

Wo finden Sie immer etwas, durch das Sie sich gut fühlen? Suchen Sie Ihre Zuflucht, feiern Sie sie, bauen Sie Ihr Nest dort und hören Sie auf Ihre Bedürfnisse. Finden Sie den perfekten Ort für sich, Ihren Wurzelstock!

Die innere Mitte finden

Wenn wir unsere innere Mitte gefunden haben, befinden wir uns im Hier und Jetzt. Das ist der Moment, in dem wir wissen, wer wir sind, was wir machen, in dem wir mit Menschen, Pflanzen und Tieren verbunden sind.

Hier sind einige einfache Methoden zum Finden der Mitte.

- ***Visualisierung***. Nehmen Sie sich einen Moment nur für sich, zehn Minuten können schon reichen. Setzen Sie sich bequem hin, schließen die Augen und lauschen Ihrem Atem – wie die Luft in die Lungen hinein- und wieder hinausfließt, hinein und hinaus. Es gibt jetzt nur Ihre Atmung, auf die Sie sich fokussieren. Entspannen Sie und stellen sich vor, dass das untere Ende Ihrer Wirbelsäule Wurzeln austreibt. Wie die aussehen, ist Ihrer Fantasie überlassen: knotig, stark, grün, frisch oder auch silbrig. Die Wurzeln durchdringen die Erde, die kühl, weich und dunkel ist. Ein Licht steigt durch die Wurzeln Ihre Wirbelsäule hinauf und verlässt Sie durch den Scheitelpunkt Ihres Kopfes. Von oben scheint es auf die Erde. Sie sitzen in diesem Lichtkreis und spenden der Erde Energie und empfangen Energie durch die Wurzeln. Hören Sie wieder auf Ihre Atmung. Wenn Sie so weit sind, öffnen Sie Ihre Augen.

- ***Ernte***. Gehen Sie in einen Park oder aufs Land und pflücken einen Strauß Blumen. Konzentrieren Sie sich auf die Geräusche, die Form der Blumen, den Geruch der Erde. Halten Sie die Verbindung zur Erde und bringen die Blumen zu Ihrem Altar

oder stellen sie zu Hause in eine Vase. Sie werden Sie daran erinnern, dass auch Sie eine Blume sind.

- **Barfuß**. Wann immer Sie die Gelegenheit bekommen, ziehen Sie Schuhe und Socken aus und laufen an sicherer Stelle barfuß durch das Gras. Spüren Sie, wie die Erde Sie trägt. Fühlen Sie, wie weich oder hart, nass oder trocken sie ist. Wie fühlt sich das Gras unter Ihren Füßen an? Behalten Sie dieses Gefühl im Sinn, auch wenn Sie wieder Schuhe tragen.

- **Ein langsamer Moment**. Bereiten Sie sich eine Tasse Tee zu. Zünden Sie Räucherstäbchen oder Palo Santo oder Ihre Lieblingskerze an. Machen Sie Ihren Geist frei und atmen tief. Bleiben Sie in diesem Moment mit allem, was dazugehört.

KAPITEL 4

DIE VIER NATUR-ELEMENTE UND IHRE PFLANZEN

Wer mit der Naturmagie in Kontakt treten möchte, braucht Wissen über die vier Elemente – Luft, Wasser, Erde, Feuer – und die Pflanzen, die ihre Botschaften in sich tragen.

In diesem Kapitel lernen wir einige Pflanzen besser kennen, die für die Elemente stehen, damit wir sie sammeln und ihnen näherkommen können. Jeder Pflanze hat ihre eigene Stimme. Hier lernen Sie ihre Botschaft kennen:

Luft-Pflanzen

⤛•⤜

Schafgarbe

Löwenzahn

Pfefferminze

Die Pflanzen, die dem Element Luft zugeordnet werden, verströmen meist einen aromatischen Wohlgeruch, wie Minze und Lavendel. Wie die Luft selbst, lieben sie die Kommunikation. Sie sind leicht und machen sich gern mit intensiven Gerüchen größer, durch die sie auch aus größerer Entfernung wahrgenommen werden. Luft-Pflanzen sind mit Merkur verbunden, dem Gott der Kommunikation und Geschwindigkeit, aber auch mit Jupiter, dem Gott der Familie und der Ordnung. Viele haben hohle Stiele und leichte Samen, wie Fenchel und Kümmel, die vom Wind davongetragen werden.

SCHAFGARBE

Achillea millefolium

Mit Beginn des Sommers wächst die Schafgarbe. Sie erkennen Sie an ihren kleinen weißen und rosafarbenen Blüten, die als große Dolden blühen. Ihr Namensgeber ist Achill, der seinen Freund Patroklos mit der Pflanze heilte.

Die Schafgarbe ist eine Luft-Pflanze, sie repräsentiert die Stärke und Leichtigkeit ihres Elements. Sie wiegt sich leicht im Sommerwind und verbreitet ihren unverwechselbaren würzigen, holzigen Duft, der an Sommer in den Bergen erinnert. Sie wächst langsam, aber stetig, Tag für Tag den ganzen Sommer über. Gepflückte Schafgarbe lässt sich hervorragend trocknen.

Sie besitzt viele Eigenschaften: sie heilt Wunden, verbessert den Blutfluss, hilft bei Menstruationskrämpfen, wirkt harntreibend, verdauungsfördernd und entgiftet die Leber. Sie lindert Fieber, Kopfschmerzen, Erkältungen und allgemeines Unbehagen. Und wie Achill, der seinen Freund rettete, heilt und lindert die Schafgarbe, sie ist eine Kriegerpflanze, die entschlossen und beharrlich handelt. Sie hilft auch bei Liebeskummer und schützt Narben. Sie lehrt Sie, auf Ihren heiligen Ort achtzugeben und ihn und sich selbst zu schützen.

Ihre zarte Botschaft ist: *Schützen Sie Ihren Ort, damit er voll erblühen kann.*

LÖWENZAHN

Taraxacum officinale

Das Element Luft kennzeichnet den Löwenzahn in mehreren seiner Teile, zum Beispiel bei den gezahnten Blättern, deren Muster bei jeder Pflanze anders ist. Ich finde, dass diese vielen verschiedenen Blätterformen für die Vielseitigkeit und Kreativität des Löwenzahns stehen. Die Samen heißen Pappus und sind charakteristisch, sie bilden die bekannte Pusteblume. Die Samen fliegen durch die Luft zu neuen Orten.

Der Löwenzahn ist ein Symbol für Beharrlichkeit. Wie oft haben Sie schon gesehen, wie ein Löwenzahn sich durch den Asphalt oder durch Gehwegsteine gekämpft hat? Löwenzahn ist dank seiner Verbindung zu Jupiter hartnäckig, quirlig und sonnig (Planet und Element haben Zeichen und Symbole hinterlassen, die uns bei der Nutzung helfen).

Löwenzahn reinigt, spült und stimuliert die Leber durch das Ausleiten von Toxinen. Die Frühlingspflanze hilft uns bei der Entschlackung nach dem Winter und bereitet unseren Körper auf die heißeste Jahreszeit vor. Jeder Teil des Löwenzahns ist verwendbar: Die getrocknete und gereinigte Wurzel ergibt hervorragende Kräutertees, die entgiften und entwässern. Die jungen Blätter sind köstlich im Salat, die älteren können mit Knoblauch und Peperoni gedünstet werden. Die Blüten können wie Kapern eingelegt werden. Und sie gehören in den magischen Honig, einem Sirup aus Zucker und Blüten.

Seine zarte Botschaft ist: *Haben Sie Vertrauen, fürchten Sie sich nicht.*

PFEFFERMINZE

Mentha x *piperita*

Minze ist eine Gattung mit vielen Arten, von denen ich die Pfefferminze am liebsten mag. Bei mir wächst sie bei meiner Haustür, seit mein Großvater sie dort gepflanzt hat. Minze ist eine Luft-Pflanze, die sehr kommunikativ ist. Zuerst fällt ihr Duft auf. Die ätherischen Öle in den Blättern riechen frisch und unverwechselbar. Pfefferminze kann sich den Gegebenheiten schnell anpassen. Sie wirkt stimulierend und beruhigend, verdauungsfördernd und appetithemmend und so weiter. Sie ist amphoterisch, das heißt, sie wirkt im Körper so, wie sie gebraucht wird. Auch das entspricht dem Luft-Charakter: anpassungsfähig, intuitiv, mit launenhafter und wechselhafter Lebendigkeit. Wie Merkur, der Bote, hört Minze zu und reagiert entsprechend.

Pfefferminze wirkt stark in unserer Verdauung und Atmung, wichtigen Systemen des Austausches. Wir verwenden Pfefferminze für Hustentees, bei Erkältung und Entzündungen der Atemwege und inhalieren ihren Dampf, wenn uns Bronchitis und Asthma plagen. Sie ist ein starkes Schmerzmittel: wenige Tropfen – mit Mandelöl vermischt auf den Schläfen verrieben – lindern Kopfschmerzen.

Pfefferminze macht den Kopf frei, aktiviert die innere Sicht, verstärkt Fokus und Absicht. Sie verleiht Frische und Unbeschwertheit und weiß, wie sich Tiefgang mit Leichtigkeit kombinieren lässt.

Ihre zarte Botschaft ist: *Haben Sie leichte Gedanken, um klarer sehen zu können.*

Feuer-Pflanzen

❧ • ☙

Johanniskraut

Ringelblume

Große Brennnessel

Pflanzen, die stechen oder würzig und scharf sind, sind dem Feuer zugeordnet. Sie tragen die Zeichen des Mars und der Sonne. Sie wirken auf der Haut mit Verbrennung oder Ausschlag oder auf das Blut und den Kreislauf. Meist haben sie warme Farben wie Gelb, Orange und Rot.

JOHANNISKRAUT

Hypericum perforatum

Johanniskraut ist eine der großartigsten Sonnen-Pflanzen. Es fängt die Sonne in seinen fünf Blütenblättern, die zusammen einen Stern bilden, ein. Jeder Teil der Pflanze enthält ein rotes Öl, das beim Pflücken leicht die Hände verfärbt. Johanniskraut steht für Sommer, Sonnenlicht und Wärme. Es kann böse Geister vertreiben. Ein kleines Bund Johanniskraut an der Haustür schützt vor negativen Einflüssen. Sie werden die leuchtende Energie dieser so magischen Pflanze erkennen.

Die Zuordnung zu Feuer und Sonne erlaubt die Phytotherapie mit Johanniskraut. Es ist die Pflanze der Wahl bei Sonnenbrand, Verbrennungen und Ausschlägen. Aber es ist auch lichtempfindlich: Wenn Sie einige Tropfen Öl auf Ihre Haut geben und sich der Sonne aussetzen, kann es zu Jucken und Rötungen kommen. Bei Einnahme wirkt es als Serotonin-Wiederaufnahmehemmer gegen düstere Depressionen.

Am aromatischsten (wenn ihre Hauptbestandteile am präsentesten sind) ist die Pflanze um die Sommersonnenwende und die Nacht des Johannistages, dem 24. Juni. Dann sollte das Kraut gepflückt werden, um Öl daraus zu gewinnen. Die Blüten werden in Olivenöl eingelegt und in einem mit einem Tuch abgedeckten Glasbehälter 40 Tage in der Sonne reifen gelassen, dann gefiltert. Das Öl ist rot wie Blut und erinnert an die Vitaleigenschaften der Pflanzen. Es hilft gegen alles Unbehagen, das seinen Ursprung im Element Feuer hat.

Seine zarte Botschaft ist: *Fürchten Sie sich nicht: Auch nach der dunkelsten Nacht scheint das Licht.*

RINGELBLUME
Calendula officinalis

Das Feuer der Ringelblume unterscheidet sich von dem des Johanniskrauts – es ist intim, sanft. Es steckt etwas vom Mond in ihr. Ihre Blüten leuchten intensiv orange, sind warm und fröhlich wie die Blume selbst, die klein und krautig mit harzigen Blättern ist. Das Pflücken der Blütenköpfe hat klebrige, aber gut riechende Finger zur Folge. Das Intime, Weibliche der Blume liegt in ihren zarten, leichten, halbmondförmigen Samen. Ringelblumen stehen in regem Austausch mit ihrer Umwelt. Sie haben hygroskopische Eigenschaften, ihre Blüten schließen sich, wenn ein Sturm aufzieht. Lebt sie in mildem Klima, blüht sie jeden Monat. So kam sie zu ihrem Namen, Calendula, vom lateinischen *calendae*, dem ersten Tag eines Monats im antiken Rom.

Ringelblumen helfen auch bei Entzündung und Verbrennung, aber sie sind sanfter, beruhigender und daher besser geeignet für die empfindliche Haut von Babys. Innerlich wirken ihre Mond-Qualitäten, sie regulieren die Menstruationsblutung und lindern Schmerzen, Amenorrhoe oder Unregelmäßigkeit.

Getrocknet behalten die Blüten ihre intensive Farbe und können dekorativ in Tees verwendet werden. Ihr Licht bleibt hell. Der Legende nach können Mädchen, die barfuß über Ringelblumen laufen, die Sprache der Vögel verstehen. Ich stelle mir gerne vor, dass das die versteckte Einzigartigkeit der Pflanze widerspiegelt und dass sie Frauen Außergewöhnliches zu bieten hat.

Ihre zarte Botschaft ist: *Ihr Licht leuchtet heller mit dem Licht anderer zusammen.*

Große Brennnessel
Urtica dioica

Wie die Schafgarbe ist auch die Brennnessel eine Kriegerpflanze mit einem Kampfzeichen. Ihre Blätter enthalten brennende Ameisensäure, aber sie unterstützt auch die Regeneration des Bluts. Sie ist eine vollwertige Feuer-Pflanze, die weniger zur Sonne und eher zur Erde gehört: Das grüne Feuer im Frühjahr, ihr starkes Sprießen, das im März durchbricht, dem Monat des Mars und des Sternzeichens Widder. Brennnesseln verteidigen ihr Territorium und zeigen Präsenz. Wer sie streift, weiß, dass sie da sind! Wenn Sie sich um sie bemühen, zeigen sie sich nahrhaft und großzügig. Sie ergeben einen hervorragenden Dünger, alle Pflanzen profitieren von ihren Mikronährstoffen. Und sie tut uns gut, wenn wir müde, matt und energielos sind. Sie begünstigt die Bildung von Ferritin, einem Enzym zur Eisenaufnahme, und hilft gegen Anämie und andauernde Abgeschlagenheit. Der hohe Chlorophyllanteil erneuert Hämoglobin, reinigt und erneuert das Blut.

Die Brennnessel lehrt uns Individualität und fordert unsere Aufmerksamkeit. Wir sollen die Talente und Ressourcen der Menschen anerkennen, ohne voreilige Schlüsse zu ziehen. Auch zeigt sie uns, dass, was uns anfangs vielleicht sticht, zu einem wunderbaren Verbündeten werden kann, wenn wir wissen, wie wir damit umzugehen haben.

Ihre zarte Botschaft ist: *Seien Sie aufmerksam, achten und verstehen Sie die Besonderheit von Dingen.*

WASSER-PFLANZEN

⊷•⊶

Beifuß

Aloe

Klette

Wasser-Pflanzen sind Mondpflanzen, die Schleimstoffe enthalten. Sie haben ungewöhnliche oder sehr kleine Blüten in häufig sehr hellen Farben. Sie lieben schattige oder feuchte Plätze, sind empfindlich, elegant und exzentrisch.

Beifuß
Artemisia vulgaris

Beifuß gehört zu den Pflanzen, die am engsten mit dem Mond verbunden sind. Seine zweifarbigen Blätter sind der Beweis: oben sind sie dunkelgrün, unten silbrig. Beifuß wird mit dem ungezähmten Geist der Göttin Artemis und ihrer wilden Frauenpower assoziiert. Er macht Frauen stark. Den amerikanischen Ureinwohnern ist er heilig, mit ihm reinigen sie ihr Umfeld und schützen es gegen negative Einflüsse.

Beifuß wird mit Träumen assoziiert. Er macht das Reisen zwischen der Traumwelt und der realen sicher. Beifuß ist der visionären Kraft von Wasser zugeordnet: Er erweitert unsere Fähigkeit, auch dort zu sehen, wo wir nichts erwarten. Geben Sie einige Blätter in Ihren abendlichen Tee und legen Sie welche unter Ihr Kopfkissen, dann erhalten Sie klarere Träume.

Eingenommen wirkt er verdauungsfördernd und stärkend. Die Blätter enthalten Kalzium und stärken die Knochen. Setzt man die Blätter mindestens zwei Wochen in Weinessig an, ergibt das einen speziellen Essig, der als Kalziumspender dient, etwas, das in den Wechseljahren sehr wichtig ist.

Beifuß ist eine Schutzpflanze. In Japan werden mit der Pflanze die Eingangstüren gereinigt, das soll Dämonen abhalten. In Europa wird er traditionell als Reiseschutz verwendet.

Seine zarte Botschaft ist: *Vertrauen Sie Ihrem Mond.*

ALOE

Aloe vera

Aloe ist eine afrikanische Pflanze, die auch in Europa verbreitet ist. Ihre Blätter bilden eine Rosenform, manche Sorten wachsen allerdings auch aus einem starken zentralen Stamm. Die Pflanze ist wertvoll und wird dem Element Wasser zugeordnet aufgrund ihrer dicken Blätter, die ein wässriges Gel enthalten, das beruhigt, lindert und erfrischt. Ihr Wasser spendet trotz der widrigen Umstände Leben. Aloe ist anspruchslos, hat aber viel zu bieten.

Sie ist unendlich vielseitig. Das Gel spendet Haaren und Haut Feuchtigkeit, es reinigt, steigert die Sauerstoffsättigung und baut Toxine ab. Sie stimuliert die Abwehr der Haut gegen Alterungsprozesse und freie Radikale. Sie schützt und heilt. Wie Johanniskraut kann Aloe bei Verbrennungen und Ausschlägen eine Blasenbildung verhindern. Die Kraft der Pflanze ist belebend, wie Wasser in der Wüste. Sie befeuchtet, tränkt, beruhigt und tröstet.

Aloe-Gel wird am besten selbst geerntet (vorzugsweise von älteren Blättern). Wenn das Blatt abgeschnitten ist, können Sie den äußeren Teil des Blatts mit einem Messer entfernen und das Gel direkt auf die Haut auftragen.

Ihre zarte Botschaft ist: *Reichtum ist dort, wo Sie ihn zuletzt vermuten: Sie müssen nur hinsehen.*

KLETTE

Arctium lappa

Die Klette steht für Bewegung, deutlich zu sehen an der Struktur ihrer Früchte, die mit Widerhaken ausgestattet sind und bei Berührung an der Kleidung hängenbleiben. So geht es auf in die große Welt. Die Klette gehört zum Element Wasser, weil sie stehende Flüssigkeiten in unserem Körper zum Fließen bringt und das Gewebe durchfeuchtet. Sie hilft, unseren Organismus in Balance zu halten. Sie hat viele Schleimstoffe, ist erfrischend und entgiftend. Besonders gut tut sie der Leber, die sie von Giftstoffen befreit. Sie kann dank ihrer reinigenden und beruhigenden Art Akne lindern und Alkoholvergiftungen mildern.

Klette hilft jähzornigen Menschen. Meist wird die Wurzel der Pflanze verwendet. Menschen in Japan und amerikanische Ureinwohner essen sie oder nehmen sie als Medizin für die Haut zu sich. In Europa werden die großen Blätter geölt auf die Brust gelegt, um bronchiale Entzündungen zu behandeln.

Die Klette ist eine Schutzpflanze. Wer sein Heim schützen möchte, verbrennt Klettenwurzel in allen vier Ecken des Hauses. Die Blüten symbolisieren Fülle. Die Pflanze als Ganzes ist mit dem Bären verbunden und wird verwendet, um mit ihm als tierischen Führer Kontakt aufzunehmen. Ihr wissenschaftlicher Name, Arctium, stammt von dem griechischen Wort für Bär.

Ihre zarte Botschaft ist: *Wandeln Sie Ihre Wut um, damit Sie frei sein können.*

Land-Pflanzen

Acker-Schachtelhalm

Echter Beinwell

Wegerich

Die Pflanzen des Elements Erde sind essenziell, sie enthalten wertvolle Mineralien, sind für die Knochen und allgemein für die Körperstruktur wichtig. Durch Saturns Einfluss stärken sie, stabilisieren und erschaffen Materie. Sie sind widerstandsfähig und meist keine Schönheiten. Häufig existieren sie bereits seit uralten Zeiten.

ACKER-SCHACHTELHALM

Equisetum arvense

Der Acker-Schachtelhalm ist einzigartig. Er vermehrt sich nicht über Samen, sondern über Sporen in einem kleinen Zapfen namens Strobilus, der zu Beginn des Frühjahrs an der Spitze eines nackten, weißlichen Stängels wächst. Nach dem Ausstäuben verschwindet er und die Pflanze entwickelt einen sterilen Trieb, den auffälligsten Teil der Pflanze, der in Kräuterläden zu finden ist. Er ist grün, verzweigt und erinnert in seiner Struktur an eine Wirbelsäule. Die Pflanze ist seit etwa 350 Millionen auf der Erde beheimatet und hat sich seitdem nicht verändert.

Acker-Schachtelhalm ist reich an Mineralien (sogar Spuren von Gold wurden schon darin gefunden). In der Menopause und bei Osteoporose reichert er die Knochen mit Mineralien an. Er wirkt entwässernd, füllt aber gleichzeitig Mineralsalze auf. Seine Wirkung basiert auf Ausgleich (sowohl bei seinem Aussehen als auch in seinen therapeutischen Eigenschaften) und ist deshalb dem Element Erde zugeordnet. Er stärkt und fördert Strukturen. In der Magie können wir mit ihm umsichtig und präzise unsere Grenzen stärken. Er erinnert uns daran, dass wir brechen, wenn wir starr bleiben, und dass es für Langlebigkeit notwendig ist, flexibel und anpassungsfähig zu bleiben, so wie die Wirbelsäule den ganzen Körper stützt, dennoch beweglich und flexibel bleibt.

Seine zarte Botschaft ist: *Vergessen Sie nicht, mit dem Wind zu tanzen.*

Echter Beinwell
Symphytum officinale

Die Wurzeln des Beinwells enthalten Allantoin, das für festes Gewebe und elastische Haut sorgt. Es ist außerdem an der Bildung von Faserknorpel beteiligt. Beinwell-Salbe unterstützt die Heilung von Knochenbrüchen. Sein botanischer Name spiegelt seine Natur wider: Symphytum stammt aus dem Griechischen und bedeutet so viel wie wallen (= heilen) oder zusammenfügen. Beinwell steht für die Erkenntnis, dass es unmöglich ist, allein etwas zu reparieren, dass größerer Erfolg gemeinsam erzielt wird. Seine Erd-Botschaft erzählt von einem gemeinsamen Land mit Begegnungen, Austausch, Verbundenheit, Zusammengehörigkeit, dem Bündeln von Kräften, Integration, Einbeziehung und Zusammenhalt.

Aus den Blättern lässt sich ein Öl gegen Ekzeme, Krampfadern und Ödeme ansetzen. Als wässrige Infusion ist Beinwell ein guter

Gartendünger. Seine Hauptkraft aber ist die schnelle Heilung, daher eignet er sich nur für desinfizierte Wunden, damit bei der raschen Heilung keine Infektionen entstehen.

Beinwell fragt, was es zu heilen gibt. Wenn Sie es wissen, fokussieren Sie sich kurz auf Ihren nächsten Schritt, dann gehen Sie ihn mit allen Mitteln.

Seine zarte Botschaft ist: *Was, wenn das Kaputte Ihnen Freude bereitet?*

Breit- und Spitzwegerich

Plantago major und *Plantago lanceolata*

Reisende, so heißt es, können sich darauf verlassen, dass diese Pflanzen in der Nähe bewohnter Häuser wachsen. Sehen Sie Wegerich, wissen sie, dass sie bald an eine Stadt oder eine Unterkunft kommen. Wegerich markiert die Linie zwischen dem bewohnten und dem wilden Land.

Wegerich wird auch Schlangenkraut genannt, denn es entzieht dem Körper Gift. Ich glaube nicht, dass er ein echtes Gegengift ist, aber er leitet aus und beruhigt. Es heißt, ein Stück Wegerichwurzel in der Tasche bewahrt vor Schlangenbissen. Er hat viele Schleimstoffe und wird als beruhigender Umschlag (frisch und feingehackt oder zerkaut) auf Schnitte oder Insektenbisse gelegt. Zu Sirup verarbeitet hilft Wegerich bei Halsschmerzen, Erkältungen und Entzündungen der Atemwege. Essbar ist er auch noch. Die frischen Blätter im Frühling ergeben mit Pinienkernen und Knoblauch ein leckeres Pesto. Ein „wilder" Koch, ein Freund von mir, sagt, dass seine Samen wie kleine Steinpilze schmecken, er brät sie leicht in Öl an und gibt sie zu Teigen und anderen Mischungen.

Wegerich erinnert uns daran, uns der Erde zuzuwenden, in die Erde zu gehen, uns klein zu machen, damit wir uns die Dinge von Nahem ansehen können.

Seine zarte Botschaft ist: *Lassen Sie Ihrem Herzen bitte seine Wildheit!*

Kapitel 5

GIFTIGE PFLANZEN
(AUCH DIE, MIT DEREN HILFE
AUF BESEN GERITTEN WIRD)

Giftpflanzen sprechen unsere dunklere Seite an, die eng mit Träumen und der Vorstellungskraft verbunden ist.

☠ ☠ ☠

Häufig besitzen sie eine extravagante Gestalt, die schon auf ihre giftigen Inhaltsstoffe schließen lässt. In Märchen werden diese einzigartigen Pflanzen oft als „Hexenkraut" bezeichnet. Giftpflanzen sind ebenso Teil des Pfads der grünen Hexe wie Heilpflanzen.

....

WICHTIG: *Diese Pflanzen sind giftig und dürfen in keiner Form verzehrt werden. Halten Sie Abstand zu diesen Pflanzen und konsumieren sie oder aus ihnen gewonnene Mittel nicht.*

....

TOLLKIRSCHE
Atropa belladonna

☠ ☠ ☠

Die Tollkirsche gehört zur Familie der Nachtschattengewächse (wie auch Tomaten und Auberginen). Sie wächst an feuchten Stellen, an Berghängen und an Flussufern, auf dem Land und an Straßen. Sie ist mehrjährig, hat einen aufrechten Stängel und Rhizomwurzeln (ähnlich einer Kartoffel). Die Blätter sind dunkelgrün, voll und oval. Die Tollkirsche riecht streng, besonders, wenn die Blätter gequetscht werden. Die Blüten sind glockenförmig mit lila- oder rosafarbenen Kronen, innen sind sie dunkelgelb mit rot-violetter Aderung.

Alles an der Tollkirsche ist giftig. Sie enthält Hyoscyamin, Skopolamin und Atropin (wird in der Augenheilkunde zur Pupillenerweiterung eingesetzt). Sie findet Verwendung in der Homöopathie, ansonsten ist ihr Verzehr aufgrund der Todesgefahr absolut verboten.

Die Tollkirsche warnt uns vor Betrug in Beziehungen. Sie mahnt, dass eine ungesunde Liebe lähmen und ersticken kann. Ihre Art, Pupillen zu erweitern, ist meiner Meinung nach wie das, was geschieht, wenn wir verliebt sind: Wir schaffen es nicht, uns zu fokussieren und genau zu beobachten, weil wir häufig nicht auf uns selbst hören und unsere Wünsche und Bedürfnisse aus den Augen verlieren.

Die Pflanze spricht Herz und Atem an. Sie fragt, ob Sie noch genug Raum in Ihrer Beziehung haben oder ob Sie erdrückt werden, nicht Sie selbst sein können. Sie drängt Sie dazu, sich ernsthaft und sorgsam zu hinterfragen, sich nicht in der Liebe zu verlieren und Ihre Stärke in Ihrem Herzen zu verankern.

ALRAUNE
Mandragora officinarum

☠ ☠ ☠

Weil ihre Wurzel wie ein Mensch geformt ist, wird die Alraune seit jeher mit Magie assoziiert. Seit der Antike wird ihr sehr starke magische Fruchtbarkeits- und Lebenskraft nachgesagt, so gilt sie unter anderem als Aphrodisiakum. Ihr hebräischer Name, *dudaim*, geht auf den Wortstamm *dod* zurück, was lieben und geliebt werden bedeutet. Der Volksglaube bringt sie mit Verführung und okkulten Mächten in Verbindung. Da sie vermeintlich auch über generative Kräfte verfügt, müssen vor der Ernte notwendige Vorsichtsmaßnahmen ergriffen werden und ihr mit Respekt begegnet werden. Wird sie fehlerhaft geerntet, gibt sie einen so schrillen Schrei von sich, dass Menschen ihren Verstand verlieren können. Die Alraune wurde von den Hexen alter Zeiten für Sabbate benutzt. Sie stellten Mittel (zusammen mit anderen halluzinogenen Pflanzen) her, die benommen machten und ihnen das Gefühl gaben, zu fliegen – vielleicht ist das das wahre Geheimnis der Besenritte!

Auf den ersten Blick sieht die Alraune ganz gewöhnlich aus (länglich, krause Blätter und kleine, violette Blüten), aber verborgen unter der Erde hat sie etwas Besonderes an sich. Für mich ist die Botschaft eindeutig: Wir müssen unsere Talente ausgraben und dafür sorgen, dass unsere einzigartige Stimme gehört wird. Die Pflanze sorgt für Euphorie und wilde Freude. Sie erdet uns in der Liebe, der Liebe für unser Talent oder was immer uns das Gefühl gibt, lebendig zu sein.

FLIEGENPILZ
Amanita muscaria

Mein kurzer Abstecher in die Welt der Giftpflanzen endet mit einem Pilz. Der Fliegenpilz hat eine rote Kappe mit weißen Punkten. An seiner Fruchtschicht befinden sich viele Lamellen, darunter ein fleischiger weißer Stiel mit breitem Ring. Der Anblick eines Fliegenpilzes im Wald am Fuß von Kiefern, Eichen oder Fichten lässt uns sofort an Märchen denken. Der Pilz der Raupe in *Alice im Wunderland* war ein gigantischer Fliegenpilz! Die Geschichte dieses Pilzes führt uns weit in der Geschichte zurück. Schamanen verwenden ihn seit Urzeiten für Heilung und Magie, um zwischen den Welten hin- und herzureisen.

Der Fliegenpilz ist giftig und psychoaktiv: Er verursacht Halluzinationen, Zittern, Traumzustände, Schwindel und die Illusion zu fliegen. Eine spezielle Fliegenpilz-Halluzination wird Makropsie genannt, dabei verändert der Pilz das Sehvermögen und lässt kleine Dinge groß wirken. Seine zarte Botschaft ist damit verbunden: Der Fliegenpilz hilft Ihnen, eine erweiterte Sicht auf die Dinge zu erhalten und sowohl Makrokosmos als auch Mikrokosmos zu beachten, wenn die eigene Sicht auf eine Situation begrenzt ist. Er ist mit dem Sehvermögen verbunden, erweitert das Bewusstsein und stimuliert die Vorstellungskraft. Es ist kein Zufall, dass Alice durch den Pilz größer oder kleiner wurde. Oder ändert alles um sie herum die Größe? In vielen Fällen, sagt der Fliegenpilz, liegt die Lösung in einem Wechsel der Perspektive.

Behutsame Kontaktaufnahme mit Pflanzen

☠ ☠ ☠

Sollten Sie einmal durch den Wald in der Nähe meines Hauses spazieren, entdecken Sie mich vielleicht, wie ich vor einer Klette sitze oder mich an eine Eiche lehne, vielleicht knie ich auch gerade bei kleinen Blümchen, die nur an verborgenen Stellen wachsen.

Es ist möglich, mit Pflanzen in engeren Kontakt zu treten, weil sie viel stärker kommunizieren, sprechen und sich bewegen, als es den Anschein hat. Aber wie schaffen wir es, mit den Pflanzen, die wir auf dem grünen Pfad antreffen, zu kommunizieren? Versuchen Sie es zu Anfang hiermit:

1. Beobachten Sie aufmerksam die Pflanzen, die in Ihrer Nähe wachsen. Auch in der Stadt mit all den Straßen, Alleen und Beton überall werden Sie Vagabundenpflanzen finden: wilde, widerstandsfähige Pflanzen mit wohltuenden Eigenschaften und wertvollen Geschichten. Wenn Sie sie bestimmt haben, suchen Sie sich Informationen über sie. Wer sind sie? Wie heißen sie? Wie ist ihre Geschichte, was sind ihre phytotherapeutischen Eigenschaften? Legen Sie ein Notizbuch an, in das Sie alles, was Sie finden, eintragen.

2. Pflücken Sie ein Exemplar und zeichnen es. Es macht nichts, wenn Sie kein Zeichentalent haben. Lassen Sie sich von den Farben, Formen und Schönheit der Pflanze inspirieren und legen das Bild in Ihr Album oder Ihr Notizbuch. Tauchen Sie in die Farben ein, den Mustern auf den Blättern, den Gerüchen und Texturen.

3. Suchen Sie an ruhiger Stelle: auf dem Land, in einem Park oder Ihrem geheimen Ort. Setzen Sie sich zur Pflanze, schließen die Augen und lauschen. Identifizieren Sie sich mit ihr. Was sieht sie aus ihrer Perspektive? Was hört sie? Was fühlt sie? Bleiben Sie stumm, abwartend. Atmen Sie tief. Umarmen Sie ihre Botschaft. Dann danken Sie ihr. Schreiben Sie diese Erfahrung in Ihr Notizbuch.

KAPITEL 6

DAS LABOR DER GRÜNEN HEXE

Die grüne Hexe weiß, wie Salben, gesunde Öle und Kräutertees aus den Pflanzen hergestellt werden, die auf ihrem Pfad wachsen.

• • •

In jeder Küche – ob klein, voller Gläser, Blumen und magischer Wurzeln oder laborähnlich mit vielen Geräten – können Sie die Kräuter, die Sie ernten, transformieren. Wie das funktioniert, lernen wir im Herzen eines Hexenhauses, wo wir von einem Holzofen mit einem runden, brodelnden Kessel darauf, von Alraunenwurzeln, Löwenzahnblüten und duftenden Minzblättern umgeben sind, während die Katze angestrengt vorgibt, völlig unbeteiligt zu sein.

KRÄUTER SAMMELN UND TROCKNEN

• ♦ •

Bevor Sie eine Pflanze ernten, nehmen Sie sich die Zeit, um in Kontakt zu ihr zu treten. Bitten Sie um Erlaubnis, einen Teil von ihr zu entfernen und danken ihr hinterher. Sie können auch als kleines Geschenk Torfmoos dalassen, ein paar Nüsse für Tiere oder eine kleine Glocke für Feen. Sammeln Sie nur, was Sie brauchen, und nie mehr als ein Drittel der Pflanze – und nur dort, wo es sie in Hülle und Fülle gibt.

Sie können alle Rezepte mit den Pflanzen zubereiten, die bisher erwähnt wurden (außer natürlich den giftigen). Wenn Sie sich bei einer Pflanze nicht sicher sind, pflücken Sie sie nicht: Machen Sie lieber ein Foto und zeigen es einem Pflanzenkundigen. Pflücken Sie NIEMALS eine Pflanze, die Sie nicht kennen! Jede Pflanze hat einen höchsten Reifepunkt und jeder Teil von ihr hat seinen eigenen Erntezeitpunkt. Die Wurzeln sollten im Herbst oder zu Beginn des Frühlings geerntet und gründlich gewaschen werden. Geschnitten lässt man sie bei nicht mehr als 35 °C in einem Dörrautomat trocknen – oder an einem kühlen, trockenen Ort.

Blätter und Stiele werden geerntet, wenn die Pflanze in vollem Wachstum steht, aber vor der Blütezeit. Sie sollten nicht gewaschen, nur geschüttelt werden. Zu Büscheln gebunden sollen sie verkehrt herum an einem kühlen, trockenen Ort hängen. Wenn die Blätter bei Berührung zerfallen, sind sie fertig. Blüten sollten in der Hochblütezeit gepflückt werden, nicht danach. Sie werden an einem kühlen, trockenen Ort ohne Sonnenlichteinfall ausgebreitet. Auch die Blüten sind ausreichend getrocknet, wenn sie bei Berührung zerkrümeln.

Die Früchte schließlich werden geerntet, wenn sie reif sind. Sie werden wie Blüten getrocknet.

Alle getrockneten Pflanzen können in dicht schließenden Glasbehältern (aber besser nicht länger als ein Jahr), vor Sonne und Hitze geschützt, aufbewahrt werden.

KRÄUTERTEES UND AUFGÜSSE

• ◆ •

Die schnellste Methode, eine selbst gesammelte und getrocknete Pflanze zu verwerten, ist der klassische Kräutertee. Für den perfekten Tee sollten Sie etwas Zeit reservieren. Der rituelle Aspekt ist dabei äußerst wichtig. Wählen Sie einen Becher aus, befüllen Sie den Teekessel, entzünden die Flamme und lassen Ihre Gedanken schweifen. Fügen Sie dem Aufguss Ihre Absicht zu. Geben Sie die Kräuter (ein bis zwei Teelöffel pro Becher) in eine Kanne mit Deckel, damit die ätherischen Öle nicht verdunsten. Gießen Sie die Kräuter mit kochendem Wasser auf.

Lassen Sie den Tee 5 bis 15 Minuten ziehen, gießen ihn ab und genießen ihn, während Sie weiter über Ihre Absicht nachdenken. Die Kräuter vergraben Sie, geben sie auf den Kompost oder als Dünger in einen Pflanztopf.

Möchten Sie einen sonnengetränkten, energiespendenden Tee trinken, geben Sie die Kräuter in eine Tasse aus klarem Glas und füllen sie mit lauwarmem Wasser auf. Stellen Sie die Tasse einige Stunden ins Sonnenlicht, damit die Strahlen den Aufguss wärmen. Gießen Sie den Tee ab und trinken ihn - spüren Sie seine Harmonie. Es gibt auch Mondtees, die Ihre Intuition und die Fähigkeit, Träume und Symbole zu deuten, vertiefen. Geben Sie dafür Kräuter, die dem Mond energetisch am nächsten stehen, in eine Glastasse. Gießen Sie lauwarmes Wasser darüber und stellen sie über Nacht in das Mondlicht. Am Morgen gießen Sie sie ab, die Kraft des Mondes ist nun im Aufguss.

Tinkturen

Tinkturen lassen sich ebenso gut im Labor einer grünen Hexe wie in Ihrer Küche zubereiten. Die Kräutermixturen sind konzentrierter und dienen dem allgemeinen Wohlgefühl oder bekämpfen Erkrankungen. Es gibt folgende Methoden zu Herstellung:

Auszüge
Viele Tinkturen werden auf Alkohol angesetzt, nicht pasteurisierter Apfelessig eignet sich ebenfalls dafür. Die Lösung wird weniger intensiv, aber vielseitiger.

Alkoholische Lösungen
Für wirksame Tinkturen benötigen Sie eine Lösung aus 40-50 % Alkohol und 50-60 % Wasser. Hochprozentige Spirituosen wie Wodka haben den richtigen Gehalt (45-60 %) und eignen sich hervorragend für Kräuterauszüge.

Tinkturen herstellen
1. Üblich sind 20 g getrocknete Pflanzen auf 100 ml Lösung. Zerkleinern Sie die Kräuter in winzige Stückchen. Frische Kräuter lassen Sie einige Stunden trocknen.
2. Geben Sie die Kräuter in ein luftdicht verschließbares Gefäß, gießen die Alkohollösung darüber und verschließen es.
3. Stellen Sie das Gefäß an einen warmen Platz ohne Sonnenlicht und lassen es mindestens vier Wochen dort.
4. Wenn die Kräuter nach einigen Tagen nach oben steigen, füllen sie 3-4 cm Alkohol nach, bis sie bedeckt sind.
5. Gießen Sie den Aufguss durch ein Sieb bewahren Sie ihn in einer dunklen und kühlen Glasflasche auf. Die Tinktur hält zwei Jahre.
6. Nehmen Sie 30-40 Tropfen täglich ein, je nach Krankheit oder welche Pflanze Sie verwendet haben.

Extrakte und Salben

• ♦ •

Für Extrakte werden frische oder getrocknete Pflanzen in Öl aufgeschlossen, aus dem anschließend Salben hergestellt werden. Es gibt zwei Herstellungsmethoden: die heiße Methode im Wasserbad oder die kalte Methode im Sonnenlicht. Die erste ist die schnellere, bei der zweiten ist der Extrakt mit der positiven, dynamischen Sonnenenergie aufgeladen. Das Öl, das am häufigsten dafür verwendet wird, ist kaltgepresstes Sonnenblumenöl. Manche traditionellen Rezepte (wie das Johanniskrautöl) verlangen nach Olivenöl.

Extrakte und Salben werden für Entspannungsmassagen, Kompressen, Lotionen und Balsame benutzt.

Wasserbad-Methode

Diese Methode eignet sich vorrangig für trockene Kräuter, speziell Gewürze oder scharfe Pflanzen wie Kurkuma, Ingwer, Peperoni, Zimt und Nelken.

1. Zerkrümeln Sie die Kräuter und geben sie ins Wasserbad.
2. Bedecken Sie die Kräuter mindestens 2 cm hoch mit Öl.
3. Lassen Sie alles mindestens eine Stunde lang köcheln. Vorsicht, das Öl darf nicht anbrennen.
4. Gießen Sie alles durch ein Sieb und drücken die Kräuter gut aus, dann heben Sie den Extrakt in einem dunklen Glasgefäß im Dunkeln auf.

Sonnenlicht-Methode

1. Füllen Sie die zerdrückten Kräuter in ein Gefäß und lassen bis zum Rand etwas Platz.
2. Bedecken Sie die Kräuter mit Öl.
3. Verschließen Sie das Gefäß (bei frischen Kräutern mit einem Seihtuch oder einem Deckel bei trockenen Kräutern) und stellen es mindestens 40 Tage ins Sonnenlicht.
4. Filtern Sie den Extrakt und geben ihn in Behälter aus dunklem Glas.

Salbe

1. Mischen Sie 250 ml Extrakt mit 50 g Bienenwachs (oder vegan mit Candelillawachs) oder 100 g Sheabutter (ergibt eine weichere Textur).
2. Im Wasserbad erhitzen, bis das Wachs geschmolzen ist.
3. Abkühlen lassen, dann 20 Tropfen ätherisches Öl Ihrer Wahl dazugeben (optional).
4. In kleine Glasbehälter füllen und fest werden lassen. Kühl und trocken lagern.

KRÄUTERPILLEN

Die Herstellung von Kräuterpillen, einem konzentrierten Naturheilmittel, ist einfach und schnell. Nehmen Sie ein bis drei Pillen, je nach Bedarf.

1. Zerkleinern Sie die Kräuter, geben sie in eine Schüssel und verrühren sie mit Wasser und Honig, bis eine dicke Paste entsteht.
2. Fügen Sie ein oder zwei Tropfen ätherisches Öl hinzu (optional).
3. Zum Verfestigen geben Sie Kakao- oder Carobpulver dazu.
4. Formen Sie aus der Masse mit den Händen Pillen.
5. Lassen Sie die Pillen bei etwa 40 °C völlig austrocknen.
6. In einem Glasgefäß aufbewahren.

BLÜTEN- ODER KRÄUTERESSIG

Es ist immer eine gute Sache, Essig im Haus zu haben, der mit Blütenblättern, Kräutern oder wilden Früchten aromatisiert ist: Essig wirkt antibakteriell, konserviert, würzt Nahrungsmittel und schließt hervorragend Kräuter auf.

1. Füllen Sie ein Gefäß zu ¾ der Höhe mit zerstoßenen Kräutern, Früchten oder frischen Blüten, bei Gewürzen oder trockenen Kräutern zu ¼.
2. Mit Essig bedecken (Rotwein- oder Weißweinessig oder auch Apfelessig, mein Favorit).
3. Mit einem Deckel verschließen, der kein Aluminium enthält (oder Sie legen Bienenwachspapier unter den Deckel).
4. Kühl und trocken etwa einen Monat ziehen lassen, dabei anfangs kontrollieren, dass die Kräuter vom Essig bedeckt sind.
5. Absieben und in einem dunklen Glasgefäß aufbewahren.

BLÜTENEXTRAKTE

• ◆ •

Blüten gleichen uns emotional aus. Um ihre Eigenschaften nutzen zu können, extrahieren wir ihre Essenzen (chemisch und energetisch) durch die Sonnenlicht-Methode, also mit Wasser aufgegossen und in direktes Sonnenlicht gestellt.

SCHRITT EINS: BLUMENSUCHE
Suchen Sie in Ihrer Nähe (in einer nicht verschmutzten Gegend) oder Ihrem Lieblingsort draußen nach einer Blume, die Sie anspricht. Finden Sie heraus, ob es die richtige ist. Sie müssen sicher sein, dass die Pflanze, die Sie ernten, die ist, die Sie wollen und dass sie für Ihre Zwecke geeignet ist (bitte keine Experimente).

SCHRITT ZWEI: VORBEREITUNG DES WASSERS
Wenn Sie wissen, welcher Ort und welche Pflanze, füllen Sie frisches Wasser (nicht destilliert) in eine Schüssel und stellen sie an einen sonnigen Platz.

SCHRITT DREI: DIE BLUME PFLÜCKEN
Das Pflücken der Blumen für den Blütenextrakt ist eine magische Handlung. Seien Sie offen und dankbar für das Geschenk von Mutter Erde.

Berühren Sie die Blüten beim Pflücken nicht mit Ihren Händen. Verwenden Sie einen Pflanzenteil, etwa ein Blatt, um sie einzeln zu pflücken. Oder Sie schneiden sie mit einer Schere ab und lassen sie direkt ins Wasser fallen.

Achten Sie darauf, dass kein Schatten auf das Wasser fällt, auch nicht durch Ihren Körper oder den Himmel (Wolken) verursacht. Sollte es doch passieren, beginnen Sie von vorn.

Die Blüten müssen auf dem Wasser treiben und mindestens drei Stunden in der Sonne stehen.

SCHRITT VIER: WARTEN

Nutzen Sie die drei Stunden, um ein Buch zu lesen, zu meditieren oder Blumen zu zeichnen oder machen Sie Fotos vom Himmel. Entwickeln Sie Ihr eigenes Ritual, verbrennen duftendes Harz, legen Mandalas aus Blüten und Blättern oder folgen Ameisen, um zu entdecken, wo sie wohnen. Sprechen Sie mit Vögeln. Binden Sie Kränze aus Gänseblümchen und setzen sie auf Ihren Kopf. Geben Sie sich einen neuen Namen. Machen Sie inspirierende Listen. Sie werden schon etwas finden!

SCHRITT FÜNF: DIE URFLASCHE VORBEREITEN

Holen Sie die Blüten kontaktlos aus der Schüssel, nehmen Sie dafür ein Blatt oder anderes pflanzliches Material. Jetzt können Sie den Auszug in eine Flasche füllen und dieselbe Menge Brandy dazugeben. Messen Sie die Flüssigkeiten genau ab. Nun haben Sie die Mutteressenz.

Beschriften Sie die Flasche: Schreiben Sie den Namen der Blüte, das Datum und den Herstellungsort darauf und was für Sie dabei wichtig war (zum Beispiel: „Ich habe eine Meise zirpen hören", „über den Regenbogen", „bei einem ausgehöhlten Stein" und so weiter). Von dieser Mutteressenz füllen Sie Vorratsflaschen ab.

VORRATSFLASCHEN

Aus den Vorratsflaschen befüllen wir die Pipettenflaschen für die Anwendung. Dazu füllen Sie ein Fläschchen (30 ml) mit Brandy und geben 2 Tropfen der Mutteressenz dazu. Schrauben Sie den Deckel darauf und beschriften das Etikett mit dem Namen des Heilmittels und dass es eine Vorratsflasche ist.

PIPETTENFLASCHEN

Nehmen Sie eine Pipettenflasche (30 ml) und füllen reines Wasser ein. Geben Sie einen Löffel Brandy und 2 Tropfen der Mittel, die Sie ausgewählt haben, aus der Vorratsflasche hinein. Soll es nur ein Mittel sein, geben Sie auch nur 2 Tropfen hinein. Hiervon können Sie viermal am Tag 4 Tropfen direkt in den Mund träufeln.

KAPITEL 7

VON DER WURZEL ZUR BLÜTE: GARTENPFLEGE

Immer schon wollte ich einen Garten haben. Meine Grossmutter war eine begnadete Gärtnerin und ich erinnere mich an Nachmittage, die ich als Kind inmitten ihrer blühenden Knoblauchknollen, Rosen und Veilchen verbracht habe.

♥ ♥ ♥

Später bin ich in die Nähe des Waldes gezogen und habe nun den Garten, von dem ich immer geträumt hatte. Aber auch in der Stadt kann man einen Garten unterhalten, selbst ohne Grünfläche. Ihr Garten ist der Ort, an dem Sie entspannen, meditieren, den Lauf der Jahreszeiten beobachten und sich um Ihre Pflanzen kümmern können, wo Ihr Kontakt zur Natur echt ist.

GARTENPLANUNG

♥ ❤ ♥

Wenn Sie einen Garten pflegen, haben Sie es in der Hand, die Art von Energieaustausch mit Pflanzen und dem Lebenskreis der Natur zu gestalten, die Sie sich wünschen. Leben Sie in einem Haus ohne Garten, können Sie sich mit Vasen, Holzhäuschen und Blumenkästen auf Ihrem Balkon einen anlegen. Ebenso gut funktioniert das drinnen mit Zimmerpflanzen.

Dann untersuchen Sie den Ort, den Sie gewählt haben, genau: klimatische Bedingungen, Feuchtigkeit, Sonneinfall. Schreiben Sie die gesammelten Informationen in Ihr Notizbuch und stellen sich vor, Sie würden dorthin umziehen. Vielleicht analysieren Sie den Boden: Ist er sandig, enthält er Ton, ist er sauer oder basisch? Überlegen Sie, wo die Vasen in Ihrem Balkongarten stehen sollten, benutzen Sie recycelte Behälter dafür. Nutzen Sie auch den vertikalen Raum und hängen Ampeln und schöne Dinge auf.

Legen Sie fest, was für einen Garten Sie möchten: Wollen Sie täglich frische Blumen pflücken oder ziehen Sie einen Kräutergarten mit duftenden medizinischen Pflanzen vor? Oder möchten Sie Ihr eigenes Gemüse anbauen (auch auf einem Balkon)? Erstellen Sie eine Liste der Pflanzen, die Sie anbauen möchten und stimmen diese mit dem Klima, der Sonneneinstrahlung und Ihrer Gartenerde ab.

Denken Sie daran, einen kleinen Teil Ihres Gartens unbearbeitet zu lassen als Geschenk an Mutter Erde und ihren wilden Geist. Das wilde Stück ist ein Anziehungspunkt für Feen.

Einfluss des Mondes beim Pflanzen

♥ ♥ ♥

In alten Zeiten bereits kannten Menschen den Einfluss des Mondes auf Anbau und Wachstum. Die Almanache, die uns heute noch Ratschläge fürs Gärtnern geben, erhielten ihren Namen von

dem arabischen Wort *al-manākh*. Diese Bücher vermittelten schon immer Gartenwissen, das sich an den Mondphasen orientiert. Dass dies kein überholter Glaube ist, beweist die biodynamische Landwirtschaft: Wissenschaftliche Studien haben den Einfluss des Monds auf Saat, Keimung und Pflanzenwachstum bestätigt.

Genauer gesagt, sollten Sie:

- Alle Pflanzen, die oberhalb der Erde wachsen, wie Tomaten, Auberginen, Zucchini und Salat, bei wachsendem Mond pflanzen, weil dessen Stärke die Keimung verbessert und die Triebe sich besser durch die Erde schieben.

- Alle Pflanzen, die in der Erde wachsen – Kartoffeln, Zwiebeln, Knoblauch, Rüben, aber auch Salatsorten wie Endivie – während des abnehmenden Monds pflanzen, um zu verhindern, dass sie schießen.

Bewiesen wurde auch, dass bestimmte Pflanzenteile sich entsprechend der Mondzeichen unterschiedlich entwickeln, zum Beispiel:

- Bei einem Erdzeichen entwickeln sich die Wurzeln besser.
- Bei einem Feuerzeichen entwickeln sich Obst, Gemüse und Getreide am besten.
- Bei einem Luftzeichen gedeihen Blumen und Kräuter.
- Bei einem Wasserzeichen wachsen Blätter, Stängel und Stiele am besten.

Werfen Sie vor dem Pflanzen einen Blick in den Himmel!

Pflanzenpflege

• ♥ •

Mit einer neuen Pflanze, dem Anlegen eines Blumenbeets oder Gartens oder dem Kauf eines Dutzends Vasen adoptieren Sie etwas Neues in Ihrem Leben. Ihre Beziehung zu den Pflanzen und deren Pflege werden Teil Ihres Alltags.

Mein wichtigster Rat für Sie ist, sich auf natürliche Methoden für Ihren Garten zu verlassen. Machen Sie selbst Kompost, natürlichen Dünger (es gibt sogar schon Komposter für den Balkon) und Auszüge mit Salbe und Minze, um Insekten zu verscheuchen. Für einen naturnahen Garten sollten Sie auch natürliche Methoden anwenden.

Speziell heißt das:

- Werfen Sie nicht alle Küchenabfälle weg. Obstschalen, Kaffeesatz, Teebeutel, Eierschalen und Gemüsereste sind ausgezeichnete Kompostierungsgrundlagen, zu denen Sie Pflanzenschnitt, ungefärbtes Papier und Erde geben.

- Schauen Sie sich Ihre Pflanzen jeden Tag an: Entfernen Sie gelbe oder verwelkte Blätter, suchen Sie sie nach Insekten ab und sorgen Sie für feuchte Erde. Das festigt Ihre Beziehung zu ihnen und Sie bekommen ein Gespür für die Jahreszeiten.

- Versuchen Sie, Ihre Pflanzen mit verschiedenen Kräuterauszügen zu wässern und beobachten Sie etwaige Veränderungen. Wachstumsbegünstigend sind unter anderem Kamille, Schafgarbe und Brennnessel.

- Stimmen Sie das Pflanzen, Schneiden und Ernten auf den Stand des Monds und die Jahreszeiten ab.

Ziehen Sie ruhig aus einem Tarotspiel für Ihre Pflanze eine Karte. Möglicherweise verrät das Bild darauf etwas über die Stimme und die Botschaft der Pflanze für Sie.

TERMINPLANER
Die Arbeit der grünen Hexen durch das magische Jahr

JANUAR
Nehmen Sie sich Zeit für die Gartenplanung. Suchen Sie Saatgut aus und verzichten auf die Pflanzen, die Ihnen nicht gefallen haben. Jäten Sie Unkraut und machen Sie die Beete frei. Bringen Sie Ihre Gartengeräte in Ordnung und hängen Schafgarbe-Sträuße in Ihren Schuppen, das bringt neuen Pflanzen Glück. Pflanzen Sie Tulpenzwiebeln.

FEBRUAR
Wenn Sie Ausschau halten, finden Sie vielleicht gegen Ende des Monats schon ein paar blühende Veilchen, die Sie zu Sirup verarbeiten können. Setzen Sie im Garten Zwiebeln und Knoblauch um. Es ist Zeit, Lavendel, Thymian, Gurke, Tomaten und Auberginen in Torftöpfe zu pflanzen, am besten zum Ende des Monats bei zunehmendem Mond. Streuen Sie Asche aus Ihrem Holzofen um die Pflanzen herum, um Schnecken fernzuhalten.

MÄRZ
Um die Frühjahrstagundnachtgleiche werden die Tage länger. Sammeln Sie erste Nesselspitzen für Risottos und Tees, dünsten Sie zarte Löwenzahnblätter oder geben sie in den Salat. Jäten Sie das Unkraut, das den Winter überlebt hat. Pflanzen Sie Erbsen und Bohnen nach draußen, außerdem Zuckerschoten als Vergnügen für die Feen.

APRIL
Bei abnehmendem Mond graben Sie Löcher in Ihr Beet und setzen Kartoffeln, dann lüften Sie die Saatbeete und schauen nach den Erdbeeren.

Blattläuse werden Sie mit einer Lösung aus Wasser und Kernseife los. Leben Sie in kühleren Regionen, pflanzen Sie Gurke, Paprika, Peperoni und Basilikum drinnen und Rucola, Radicchio und Spinat draußen. Säubern Sie Erdbeeren, Mangold, Petersilie und Lauch. Vielleicht finden Sie auf Ihren Spaziergängen wilden Spargel.

MAI
Pflücken Sie Rosen und trocknen sie, um Tees oder Zucker zu aromatisieren. Lockern Sie die Erde der Paprika und legen Heu um die Erdbeeren. Pflücken Sie Ringelblumen für Extrakte. Gießen Sie am Morgen, damit die Pflanzen nicht verbrennen. Beenden Sie das Umtopfen: Jetzt werden Tomaten, Auberginen, Paprika und Kürbis gepflanzt und die ersten Früchte geerntet. Pflücken Sie Malve und Kamille für Tees.

JUNI
Pflücken Sie um den 24. herum Johanniskraut für das Johannisfest. Ernten Sie Minze, Zitronenmelisse, Rosmarin und andere Kräuter kurz vor der Blüte und trocknen sie kopfüber hängend für Tees, zum Würzen und für Räucherbündel. Nehmen Sie vom Salbei Ableger, um ihn zu vermehren. Jäten Sie täglich Unkraut und ernten weiter. Pflanzen Sie späte Tomaten- und Zucchinisorten für eine Ernte im Herbst.

JULI
Gießen Sie Ihre Pflanzen immer sorgfältig. Wenn Sie Paprika, Tomaten, Zucchini, Gurken und Auberginen haben, stützen Sie sie, es reichen kleine Zweige aus dem Wald. Pflücken Sie Salbei- und Lavendelblüten und trocknen sie für Mottenkugeln. Stellen Sie Salbe aus Ringelblumen und Johanniskraut her. Pflücken Sie Obst und machen Marmelade daraus.

AUGUST
Jetzt ist es wichtiger denn je, die Pflanzen gut zu wässern, weil nun eine meist trockene Phase anbricht. Brechen Sie die Erde um das Gemüse herum auf, damit das Wasser tiefer eindringen kann und jäten Sie. Pflücken Sie Tomaten und kochen sie mit Basilikum ein. Kochen Sie frische Tomatensauce mit Sellerie. Pflücken Sie Pflaumen mit Stiel, so bleiben sie länger frisch.

SEPTEMBER
Pflücken Sie Holunderbeeren für Sirup und Marmelade (sehr gut bei Husten in den Wintermonaten). Beschneiden Sie die Bäume ohne Früchte, um sie beim Sommerwachstum zu unterstützen. Graben Sie Kompost in Beete ohne Pflanzen unter. Harken Sie die ersten trockenen Blätter zu Häufchen zusammen, sie können im nächsten Jahr als Dünger dienen.

OKTOBER
Kürbisernte. Holen Sie die empfindlicheren Pflanzen rein oder bedecken sie mit Vliesstoff. Aus Weißdornbeeren lässt sich eine zarte Marmelade kochen. Pflücken Sie Hagebutten, halbieren sie und lösen die Samen heraus, dann trocknen Sie sie für Wintertees. Ernten Sie Äpfel und Walnüsse und hängen Kastanien an einer Schnur in Ihren Schrank, um Motten zu verjagen.

NOVEMBER
Die Zeit verlangsamt sich und wir machen es uns im Haus gemütlich. Stutzen Sie die Obstbäume und sammeln die letzten Kastanien auf. Brechen Sie die Erde auf und graben Kompost unter. Schützen Sie Ihren Garten mit einem Talisman aus rotem Band, das Sie mit drei Haselnuss- oder Sporapfelzweigen verflechten. Lesen Sie über Pflanzen und probieren die getrockneten Kräuter als duftende Tees.

DEZEMBER
Pflücken Sie Kiefer- und Fichtennadeln für Tees und erholsame Bäder. Wenn Sie mit etwas Glück Misteln finden, nehmen Sie ein paar Zweige zur Deko mit, auch für den Weihnachtsbaum. Füttern Sie die Vögel mit Sonnenblumen- und Kürbiskernen: Mit Butter zu Knödeln gerollt und in Bäume gehängt helfen sie ihnen durch die kälteren Tage.

Behalten Sie Ihr wildes Herz zu allen Jahreszeiten.

Januar

1	9	17	25
2	10	18	26
3	11	19	27
4	12	20	28
5	13	21	29
6	14	22	30
7	15	23	31
8	16	24	

Februar

1	9	17	25
2	10	18	26
3	11	19	27
4	12	20	28
5	13	21	29
6	14	22	
7	15	23	
8	16	24	

März

1	9	17	25
2	10	18	26
3	11	19	27
4	12	20	28
5	13	21	29
6	14	22	30
7	15	23	31
8	16	24	

April

1	9	17	25
2	10	18	26
3	11	19	27
4	12	20	28
5	13	21	29
6	14	22	30
7	15	23	
8	16	24	

Mai

1	9	17	25
2	10	18	26
3	11	19	27
4	12	20	28
5	13	21	29
6	14	22	30
7	15	23	31
8	16	24	

Juni

1	9	17	25
2	10	18	26
3	11	19	27
4	12	20	28
5	13	21	29
6	14	22	30
7	15	23	
8	16	24	

Juli

1	9	17	25
2	10	18	26
3	11	19	27
4	12	20	28
5	13	21	29
6	14	22	30
7	15	23	31
8	16	24	

August

1	9	17	25
2	10	18	26
3	11	19	27
4	12	20	28
5	13	21	29
6	14	22	30
7	15	23	31
8	16	24	

September

1	9	17	25
2	10	18	26
3	11	19	27
4	12	20	28
5	13	21	29
6	14	22	30
7	15	23	
8	16	24	

Oktober

1	9	17	25
2	10	18	26
3	11	19	27
4	12	20	28
5	13	21	29
6	14	22	30
7	15	23	31
8	16	24	

November

1	9	17	25
2	10	18	26
3	11	19	27
4	12	20	28
5	13	21	29
6	14	22	30
7	15	23	
8	16	24	

Dezember

1	9	17	25
2	10	18	26
3	11	19	27
4	12	20	28
5	13	21	29
6	14	22	30
7	15	23	31
8	16	24	

TEST
WELCHE ART HEXE SIND SIE?

1) Wenn Sie einen Zauberstab aussuchen müssten, wäre es:
- A. ein Holzlöffel
- B. ein abgefallener Zweig des Sporapfels
- C. eine Rabenfeder mit einer kleinen Glocke

2) Ihr Lieblingszimmer im Haus ist:
- A. Die Küche mit dem Holzofen und den Kräuterbündeln
- B. Das Bad mit Salben, parfümierten Ölen und kleinen magischen Ampullen
- C. Zimmer? Wieso Zimmer? Ich bin so viel im Garten wie möglich!

3) Ihr Lieblingskräutertee ist:
- A. Ringelblume, Zitronenmelisse, Minze, Oregano und Kandis
- B. Brennnessel, Himbeerblätter, Lakritzpulver und zwei Beifußblätter
- C. Heißer, belebender Kaffee aus Eicheln, Chicorée und bitteren Kräutern

4) Ihr Hexenumhang ist:
- A. Rot wie die Flamme im Holzofen
- B. Grün wie frisches Gras
- C. Braun wie das Unterholz bei Sonnenuntergang

5) Ihr Lieblingszauber ist:
- A. Koche, koche, rühr und siede, fertig sei der Zauber sofort!
- B. Beim Pflanzensaft, der tropft, dem Wasser, das fließt, dem Grün des Waldes, gib mir jetzt, wonach ich frage!
- C. Kein Zauberspruch, sondern ein gemurmelter Singsang.

- **HAUPTSÄCHLICH A**

    KÜCHENHEXE: Sie lieben es, Zaubersprüche und Suppen mit Ihrem Holzlöffel zu rühren, während Ihr magisches Brot mit Honig und Sesamkörnern im Ofen aufgeht. Wenn Sie noch Platz haben, komme ich gerne auf einen Tee!

- **HAUPTSÄCHLICH B**

    GRÜNE HEXE: Sie sind eine klassische grüne Hexe. Ihre Regalbretter biegen sich vor lauter Kräutergläsern und mindestens 11 Büchern über Botanik, aus denen Sie Wissen über Pflanzen ziehen und wie Sie sie bestimmen können. Und natürlich ist Grün Ihre Lieblingsfarbe.

- **HAUPTSÄCHLICH C**

    HECKENHEXE: Sie brauchten diesen Test nicht, oder? Sie kennen sich mit dem Rand, dem Übergang aus und haben eine Katze namens Caliostro oder so ähnlich. Wenn ich heute Nacht den Himmel betrachte, winke ich Ihnen auf Ihrem Besen zu.

10 MAGISCHE GESCHICHTEN ÜBER KRÄUTER UND HEXEN

HILDEGARD VON BINGEN

*Viridita*s und die heilende Kraft der Pflanzen

....

Hildegard von Bingen lebte im Mittelalter und war Nonne, Visionärin, Kräuterkundlerin, Heilerin, Mystikerin, Theologin, Kosmologin und Schriftstellerin. Ihre Vorstellungen über Medizin und den Kosmos waren sehr realistisch für jemanden, der 1098 geboren wurde. Hildegard widmete sich ganz dem Studium, dem Gebet und der Versenkung. Einige ihrer Theorien sind auch heute noch in der Naturheilkunde erhalten geblieben. Durch ihre Visionen war sie ihrer Zeit weit voraus. Als Aristokratin durfte Hildegard studieren und kultivierte so ihren vielseitig begabten Verstand. Sie wurde zur Autorität, an die sich Bischöfe, Päpste und Könige um Rat wandten. Hildegard entdeckte Verbindungen zwischen allen Elementen des Kosmos: Menschen, Pflanzen, Kristallen, Tieren und Planeten. Sie nannte diese vitale und grüne Energie, die alles speist und vereint, *Viridita*s. Krankheiten sind Ausdruck eines Bruchs mit der Welt der Natur und eines Verlusts an Viriditas oder spiritueller grüner Energie. Hildegard studierte die Humoralpathologie von Galen und kombinierte sie mit ihrer Forschung über die Emotionen und den menschlichen Geist, ein frühes Konzept der psychosomatischen Theorie. Sie erfand ein völlig neues System, Medizinpflanzen zu beschreiben: zusätzlich zur botanischen Beschreibung führte sie ihre Eigenschaften auf sowie ihre Wirkung, bezogen auf die Person, die sie nahm, wobei sie Geschlecht, Konstitution und medizinische Vorgeschichte berücksichtigte. Außerdem war Hildegard Musikerin und Komponistin und bezog die Macht von Klang und Wort in ihre Überlegungen ein. Ich mag den Gedanken, dass die Pflanzen vor fast 1000 Jahren ihre Stimme auswählten, um zu uns zu sprechen.

Elisa und Andersens wilde Schwäne

Brennessel

....

In Nowgorod, Russland, springen Kinder am Abend des Johannistags über Brennnesselbündel. Die Pflanze steht für Feuer, ihre Kraft ist heiß und trocken, brennend und belebend, großzügig und wie ein Krieger. In Zentraleuropa heißt es, dass der Blitz nie in Nesseln einschlägt. In Tirol werden Nesseln in den Kamin geworfen, um Gefahren abzuwenden. In der Volkskunde gilt die Brennnessel als Aphrodisiakum und erleichtert Geburten. Sie ist verbunden mit dem generativen Aspekt des Lebens, eine Pflanze des Schutzes und der Stärke.

Hans Christian Andersen war sich dieser Symbolik sehr wohl bewusst. In seinem Märchen *Die wilden Schwäne* kann ein Fluch mithilfe von Brennnesseln gebrochen werden. Prinzessin Elisa hatte elf Brüder und wurde von ihrem Vater vergöttert. Ihre Stiefmutter war eifersüchtig auf ihre Schönheit und Freundlichkeit und vertrieb sie. Elisas Brüder verwandelte sie in wilde Schwäne. Nach Jahren der Einsamkeit traf Elisa im Wald eine alte Frau, die ihr erzählte, dass in der Nähe 11 Schwäne lebten, von denen jeder eine Krone trug. So war Elisa wieder mit ihren Brüdern vereint, die tagsüber Schwäne waren, des Nachts Männer. Im Traum zeigte ihr Morgan le Fay, wie sie ihre Brüder erlösen konnte: Dazu musste sie aus Nesseln mit bloßen Händen 11 magische Hemden für ihre Brüder stricken. Elisa meisterte diese Aufgabe und befreite ihre Brüder von dem Fluch. Die Brennnessel zeigte sich wieder einmal von ihrer magischen und beharrlichen Seite.

DIE HEILERIN IN DEN TOSKANISCHEN APENNINEN

Angstkraut

....

In den Bergen von Pistoia, nördlich von Florenz, wird Angst als personifizierte Figur angesehen, mit der Kinder erschreckt werden. „Wenn du dich nicht benimmst, kommt die Angst und holt dich!" Die Angst nimmt die Gestalt von Orten an, an die Kinder nicht gehen sollen, oder von verzauberten Figuren und Geistern. Manchmal ist sie real, fassbar. Wir denken bei Angst an einen emotionalen Zustand. Jedoch erfahren wir Angst auch körperlich – in unserem Magen, der sich zusammenzieht, in unserem Herzen, das schneller schlägt, und in unserer Atmung, die schwer wird. Aber es gibt eine Pflanze, die Angstkraut (*Stachys recta* oder Aufrechter Ziest) genannt wird, die magische und magnetische Kräfte gegen Angst besitzt.

Die Angst wird mit einem Kräutertee fortgespült, für den die Pflanze in Wasser gekocht wird und mit dem die verängstigte Person gewaschen wird. Beim Waschen des Gesichts, der Hände und Füße werden uralte Beschwörungen gesprochen, die mündlich an die jeweils nachfolgende Generation weitergegeben werden. Das Wasser im Topf wird allmählich fest wie Gelatine – oder *borraccinoso*, wie es dort heißt. Die Angst überträgt sich in das Wasser. Der Vorgang wird zweimal wiederholt, bis das Wasser klar bleibt. Einige ältere Frauen, darunter meine Großmutter, führen dieses Ritual auch heute noch durch. Das Wissen darüber hält Mut und Magie am Leben und vertreibt die Angst.

Rituale für den Johannistag

Johanniskraut

....

Johanniskraut blüht um die Sommersonnenwende, die dem Johannistag vorausgeht. Es heißt, dass die purpurne Farbe, mit der die Blume Hände färbt, vom Blut des Johannes stammt. Wenn Sie um diese Zeit durch den Wald gehen, stecken Sie sich einen Zweig Johanniskraut zusammen mit Knoblauch und Raute unter Ihr Hemd, das hält die Hexen fern, die sich zum jährlichen Sabbat in der Johannisnacht versammelt haben. In vielen europäischen Ländern tragen Menschen eine Girlande aus Johanniskraut um ihren Kopf und tanzen barfuß ums Feuer. Die Pflanze wirkt stärkend und aufhellend wie das Sommerlicht.

Mehr Schutz als diese Pflanze kann keine geben, sie wurde früher zur Vertreibung von Teufeln und bösen Präsenzen eingesetzt. Sie heilt, beruhigt und ist mit ewiger Jugend verbunden.

Das Wasserritual zum Johannistag erinnert an alte Traditionen: In der Nacht vom 23. auf den 24. Juni werden Blumen und Kräuter wie Johanniskraut, Rosmarin, Malve, Lavendel und Königskerze gesammelt und in eine Schüssel mit Wasser gelegt. Sie bleiben die ganze Nacht im Mondlicht stehen. Am Morgen wäscht man Hände und Gesicht, um im kommenden Jahr schön, reich und gesund zu sein.

Es heißt, dass in einigen Bergregionen Italiens am Morgen nach der Johannisnacht Frauen nackt durch die Büsche mit Johanniskraut tanzen, um sich mit dem Tau zu benetzen, der sie jung und schön erhält.

KÖNIGIN ISABELLA VON UNGARN

Rosmarin

Am häufigsten für Johanniswasser wird Rosmarin genommen. Er hat viele wohltuende Eigenschaften, die bereits die alten Ägypter kannten. Er wurde mit Unsterblichkeit assoziiert, die Toten bekamen ein Bund Rosmarin beigelegt, der ihnen die Reise ins Jenseits erleichtern sollte. Rosmarin ist eine starke und reinigende Pflanze, die dem Leben, der Fruchtbarkeit und Wiedergeburt zugeordnet ist. Im 19. Jahrhundert glaubten die Menschen auf dem Land bei Bologna in Italien, dass es Glück brachte, Rosmarin auf der Haut zu tragen, ganz besonders nahe am Herzen. Rosmarin ist eng mit dem Erinnerungsvermögen verbunden, so dass es schon vorkam, dass Studierende, um sich Dinge besser zu merken, beim Lernen Rosmarinkränze auf dem Kopf trugen. Ophelia sagte in Hamlet, das Rosmarin der Erinnerung hilft.

Sein magischer Wert brachte ihm den Ruf ein, von medizinischem Nutzen zu sein, wie in dem berühmten Johanniswasser der ungarischen Königin. Das Rezept dafür (siehe Seite 144) konnte bis zu Isabella von Ungarn zurückverfolgt werden. Angeblich hat sie es von einem Eremiten (oder einem verkleideten Engel) bekommen, der sie von Gicht und Krankheit erlösen wollte. Sie begann, das Wasser im Alter von 72 (im Jahr 1370) zu trinken und war nach einem Jahr eine so leuchtende Schönheit, dass der König von Polen sie bat, ihn zu heiraten. Wenn Sie dieses Elixier für langes Leben zubereiten möchten, belassen Sie alle Zutaten 50 Stunden in einem verschlossenen Gefäß und destillieren es dann mit einem Destillierkolben. Lösen Sie einige Tropfen täglich in einem Getränk Ihrer Wahl auf.

ARTEMIS UND DIE KÖNIGIN DER SCHLAGEN

Beifuß

....

Beifuß ist eine Mondpflanze, die in Verbindung mit Weiblichkeit, Kindsgeburt und dem Reich zwischen der realen und der verzauberten Traumwelt steht. In *De herbarum virtutibus* sagt Pseudo-Apuleius, dass der erste Beifuß von der Göttin Artemis selbst gepflückt wurde. Beifuß heißt auch Frauenkraut, weil es viele Probleme des weiblichen Zyklus behandelt, über Geburten wacht und als Gegengift für jedes Gift gilt. Artemis, die furchtlose Göttin, beschützt die Wälder, ist der Schwesternschaft ergeben und findet sich in dieser zähen, duftenden Pflanze wieder, die an den Wegen wächst, die zum Herz des Waldes führen.

Eine ukrainische Legende erzählt die Geschichte eines Mädchens, das beim Pilzesammeln im Wald in ein Loch fiel, das zu einer unterirdischen Höhle führte. Dort lebte die Königin der Schlangen, die goldene Hörner trug. Die Schlangen labten sich an einem schimmernden Stein. Um nicht entdeckt zu werden, tat das Mädchen es den Schlangen gleich und blieb den ganzen Winter bei ihnen. Als der Frühling kam, bildeten die Schlangen eine Treppe, damit es in seine Welt zurückkehren konnte. Die Königin mit den goldenen Hörnern schenkte dem Mädchen das Wissen um alle Kräuter. Nur durfte es nie das Wort Beifuß aussprechen. Wenn doch, würde es alles vergessen, was es jemals gelernt hatte. Eines Tages fragte ein Mann das Mädchen, ob es die Pflanze am Wegesrand kennen würde und es antwortete „Beifuß". Sofort hatte es alles vergessen. Seitdem wird Beifuß die Pflanze des Vergessens genannt.

Avalon, Insel der Äpfel, und Morgan le Fay

Apfel

....

Ein anderer Name der magischen Insel Avalon, auf der Zauberinnen lebten, von Artus und Merlin geliebt, war Ynis Avalach oder Insel der Äpfel, sagt Geoffrey Monmouth in *Historia Regum Britanniae*. Der Apfel ist reich an Symbolik. Neben dem Granatapfel wird er am stärksten mit der Großen Mutter (oder Dreifachgöttin) assoziiert, die in Avalon verehrt wurde. Morgan le Fay, Fee und Zauberin, und die Herrin vom See sind mythische Figuren aus der Artus-Legende und lebten auf Avalon. Der Weg dorthin führt durch Nebel, der die Insel vor den Menschen verbirgt. Die Insel der Äpfel ist ein Paradies, in dem Früchte und Blumen ohne Zutun wachsen und Äpfel nicht gegessen werden, da sie für Unsterblichkeit stehen. Äpfel symbolisieren auch die Wiedergeburt und sind magische Objekte bei transformativen Reisen. Schneewittchen fällt in Ohnmacht, nachdem sie von einem Apfel abgebissen hat, um später wiedergeboren zu werden. Die Verbindung von Äpfeln und Morgan le Fay hängt mit der Verbindung zwischen der Frucht und dem heiligen Weiblichen zusammen. Der Apfel ist eine Gabe an die Große Mutter als Mädchen, Mutter und Greisin – Figuren, die den Mondphasen entsprechen: Neumond, Vollmond, abnehmender Mond. In der keltischen Tradition ist die Große Mutter ein wunderschönes Mädchen, das auf einem Rappen reitet und dabei einen goldenen Apfel hält.

Wird der Apfel horizontal aufgeschnitten, zeigt sich darin ein fünfzackiger Stern. Dieses magische Pentagramm ist die Erinnerung daran, wie das Heilige durch das Alltägliche beschützt wird und dass Magie uns überall umgibt.

Emily Dickinson und der poetische Garten

....

Bevor Emily Dickinson Dichterin wurde, war sie Botanikerin. Bereits mit 9 Jahren arbeitete sie an ihrem wunderbaren kleinen Herbarium. Sie trug darin 424 Pflanzen, Blumen und Kräuter zusammen (heute wird es in der Emily Dickinson-Sammlung der Houghton Library in Harvard verwahrt): Ihre Gedichte stecken voller Anspielungen auf die Pflanzen, die sie liebte. Sie entschloss sich für ein Leben in Abgeschiedenheit und verließ nur selten ihr Zimmer, höchstens, um in den Garten oder ins Gewächshaus zu gehen, wo sie Pflanzen veredelte und Pfingstrosen, Narzissen, Dahlien, Lilien und exotische Pflanzen züchtete. Als sie mit 14 Jahren auf die Mount Holyoke kam, nahm sie ihre wissenschaftlichen Botanik-Studien auf. 1847 führte der einzige Weg für Frauen zur Wissenschaft über die Botanik. Mary Lion, Direktorin der Schule, war ebenfalls Botanikern. Sie empfahl Ihren Studentinnen, ein Herbarium anzulegen. Emily präsentierte ihre Pflanzen äußerst überlegt und elegant und brachte die Schönheit der Natur mit präzisem Feingefühl zur Geltung. Die erste Pflanze in ihrem Herbarium war Jasmin, eine exotische Blume, die Reinheit und Sinnlichkeit vereint, wie ihre Gedichte.

Eva Mameli Calvino und die Samen

....

Eva Mameli Calvino war eine Pionierin des Umweltschutzes. Sie wurde 1886 in Sassari auf der Insel Sardinien geboren und später die Mutter des berühmten Schriftstellers Italo Calvino. Als Mädchen besuchte sie das öffentliche Gymnasium in Cagliari, das eigentlich nur Jungen vorbehalten war, und schloss ihr Studium der Naturwissenschaften in Pavia in Norditalien ab. Dort arbeitete sie im kryptogramischen Labor, dem einzigen, das Pflanzenphysiologie und -anatomie untersuchte. Sie wurde Laborassistentin und erhielt nach Jahren der Forschung, der Studien und vielen Veröffentlichungen als erste Frau in Italien eine Dozentenstelle an einer Universität.

Später lernte Eva Mario Calvino, den Direktor der Landwirtschaftlichen Versuchsanstalt in Santiago de las Vegas in Kuba, kennen. Sie heirateten und zogen nach Kuba, wo Italo zur Welt kam. Eva sammelte, katalogisierte und konservierte viele Samen und eröffnete eine Schule, um bessere Ausbildungsmöglichkeiten für Mädchen zu schaffen, damit sie auf eigenen Beinen stehen konnten. 1925 kehrten sie nach Italien zurück und lebten in Sanremo an der ligurischen Küste. Mario war dort Leiter der Versuchsanstalt für Blumenzucht. Nach seinem Tod übernahm Eva diese Aufgabe. Eva brachte als erste Saatgut von Kiwis, Yucca, Grapefruits und verschiedenen Palmen nach Italien. Gemeinsam mit ihrem Ehemann brachte sie das Naturmagazin *Il Giardino Fiorito* heraus, in dem sie über die Bedeutung des Schutzes unter anderem von Vögeln schrieb. Sie starb mit 92 nach einem Leben, das sie der Pflege, dem Katalogisieren und der Verbreitung von Pflanzen und ihrer lebendigen Botschaft gewidmet hatte.

CIRCE UND DIE KRÄUTERFRAUEN

....

Die letzte Geschichte widme ich Circe, Medea und all den Kräuterhexen, Heilerinnen und weisen Frauen, die ihre Magie und ihr Wissen über Pflanzen seit der Antike weitergegeben haben. Sie alle sind Inkarnationen der Potnia theron, der Herrin der wilden Tiere (und Kräuter), Manifestationen der Großen Göttin, die die wilde und freie Kraft der Natur personifiziert und die wilden Tiere und Wildkräuter beschützt. Oder kurz: der Herrin der Natur selbst. Ich sehe in Circe alle Kräuterfrauen, jene, die die Kräuter verstanden und die Kranken heilten: Die Schamanin am Waldesrand in ihrer Hütte bei der Hecke, die Heilmittel und Gegenflüche im Austausch von Geschenken anzubieten hat. Frauenheilkundlerinnen, Hebammen und Frauen, die seit Jahrhunderten andere Frauen heilen. Frauen, die Liebestränke brauen, die Weidenrinde kochen, um Fieber zu senken, die Johanniskraut und Beifuß am Johannistag sammeln, um Teufel zu vertreiben und vor Blitzeinschlag zu schützen. Und wilde Frauen, ungebildete, die jede einzelne wilde Pflanze kennen, die mit Nesseln und Löwenzahn kochen, Salben für eine leichtere Atmung oder für prophetische Träume zubereiten.

Die Potnia existiert weiter. Sie lebt noch immer tief im Wald, im Herz jeder Hexe, in denen, die dem grünen Pfad in Demut, mit Geduld, Licht und Umsicht folgen. In denen, die tief in ihrem Herzen wissen, dass sie eine Hexe sein wollen – weil, wie Sie wissen, alles, was Sie tun müssen, ist sich erinnern. Erinnern Sie sich – Sie sind eine Hexe!

BIBLIOGRAFIE

Beth, Rae, *Hedge Witch: A Guide to Solitary Witchcraft*, Robert Hale, London 1990.

Boland, Maureen, und Bridget Boland, *Old Wives' Lore for Gardeners*, Bodley Head, London 2019.

Cattabiani, Alfredo, *Florario. Miti, leggende e simboli di fiori e piante*, Mondadori, Mailand 2017.

Cunningham, Scott, *Earth Power: Techniques of Natural Magic*, Llewellyn Publications, St. Paul 1983.

Cunningham, Scott, *Encyclopedia of Magical Herbs*, Llewellyn Publications, St. Paul 1985.

Fabbrini, Serena, *Eva Mameli Calvino, la maga buona che coltiva gli iris*, "OggiScienza", 25. Juni 2020, online unter ‹https://oggiscienza.it/2020/06/25/eva-mameli-calvino-maga-buona-coltiva-iris/›

Johnson, Cait, *Witch in the Kitchen: Magical Cooking for All Seasons*, Destiny Books, Rochester 2001.

Lapucci, Carlo, und Anna Maria Antoni, *Erbolario familiare. Storia e magia delle erbe*, Ponte alle Grazie, Florenz 1994.

Matarrese, Eleonora, *La cuoca selvatica. Storie e ricette per portare la natura in tavola*, Bompiani, Mailand 2018.

Matonti, Loredana, *Erbe e antichi rimedi di ieri, oggi e domani*, Graffio, Borgone Susa 2015.

McBride, Kami, *The Herbal Kitchen: Bring Lasting Health to You and to Your Family with 50 Easy-To-Find Common Herbs and Over 250 Recipes*, Conari Press, Newburyport 2019.

Mel, *Le sacre terre delle mele e le sue divine custodi: storie dell'Oltremondo dal Mediterraneo ad Avalon*, "Sulle Sponde di Boscomadre," 24. Juni 2020, online unter ‹https://spondediboscomadre.com/2020/06/24/le-sacre-terre-delle-mele-e-le-sue-divine-custodi-storie-delloltremondo-dal-mediterraneo-ad-avalon/›

Moura, Ann (Aoumiel), *Green Magic: The Sacred Connection to Nature*, Llewellyn Publications, St. Paul 2002.

Murphy-Hiscock, Arin, *The Green Witch: Your Complete Guide to the Natural Magic of Herbs, Flowers, Essential Oils, and More*, Simon and Schuster, Avon 2017.

Rangoni, Laura, *Il grande libro delle piante magiche*, Xenia Edizioni, Pavia 2005.

Roux, Jessica, *Floriography: An Illustrated Guide to the Victorian Language of Flowers*, Andrews McMeel Publishing, Kansas City 2020.

Saito, Carol, *Il giardino incantato di Hermione. Il manuale delle Streghe*, Cerchio della Luna, Verona 2005.

Satanassi, Lucilla, und Hubert Bösch, *Petali e rugiada*, Humus Edizioni, Quarto di Sarsina 2010.

Schulke, Daniel A., *Veneficium: Magic, Witchcraft and the Poison Path. Second and Revised Edition*, Three Hands Press, Hercules 2018.

Scott, Devon, *I giardini incantati. Le piante e la magia lunare*, Venexia, Rom 2006.

The Emily Dickinson Collection [digitalisierte Dokumente einschließlich des kleinen Herbariums, die in der Houghton Library in Harvard aufbewahrt werden], "Library.Harvard", online unter ‹https://library.harvard.edu/collections/emily-dickinson-collection›

Toll, Maia, *The Illustrated Herbiary: Guidance and Rituals from 36 Bewitching Botanicals*, Storey Publishing, North Adams 2018.

Van De Car, Nikki, *Calming Magic: Enchanted Rituals for Peace, Clarity, and Creativity*, Running Press, Philadelphia 2020.

Zaccaro Garau, Mattia, *L'erbario di Emily Dickinson: l'infinito di un giardino*, "Intersezionale," 19. Januar 2021, online unter ‹https://www.intersezionale.com/2021/01/19/lerbario-di-emily-dickinson-linfinito-di-un-giardino/›

CECILIA LATTARI. Cecilia ist nicht nur Herbalistin mit einem Abschluss der Universität von Bologna, sondern auch ausgebildete Schauspielerin. Sie ist Erzieherin für Konkretes und der Fantasie und nutzt dafür verschiedene Medien: das Schreiben, das Theater, Begegnung mit der Natur und tragende Beziehungen. Sie stimuliert die Verbindung der Menschen zu ihrem authentischsten Ich mithilfe von Theateraufführungen und sensorischen Erfahrungen mit der Pflanzenwelt. Sie lebt in Waldnähe in einer Kleinstadt im toskanischen Apennin. Das Mondlicht scheint geradewegs durch ihre Haustür und häufig ist sie dabei anzutreffen, wie sie lange Gespräche mit dem Mond und ihren Katzen führt.

BETTI GRECO. Betti ist Illustratorin und Grafikdesignerin, die im Verlags- und Kommunikationssektor tätig ist. Ihre visuelle, farbenfrohe und fantasievolle Sprache ist digital, besitzt aber einen soliden handwerklichen Hintergrund und wird ständig weiterentwickelt. Sie lebt in Salento, Apulien, und liebt es, sich in der Natur aufzuhalten, ihrer wichtigsten Inspirationsquelle. Dort kann sie zwischen ihren Jobs regenerieren. Ihr Zauberstab ist ihr Pinsel, ihre magische Kraft ist ihre Fantasie. Die Realität ist nur der Ausgangspunkt, von dem aus die Sinne erforscht werden und neue Welten entstehen.